水仙與櫻花

與死 愛的 自戀

診療室實作你他我

Utopie
無境文化事業股份有限公司

目 錄

作者序

推薦序

小小說 [它有時喜歡像首詩]

雜文 ［ 只因多方想像，所以雜 ］

作者序

水仙與櫻花————

自戀的愛與死

　　這個書名是整理完書的內容後，才突然冒出來的，並且在當天的督導和個案治療的過程裡，不斷地湧現關於這個標題的聯想。我感受到標題和文章之間相連的氣息，足以讓我再寫成一篇文章，用來說明本書不同專章之間的潛在關聯性。

　　我就試著再以文字，尋找一下這些氣息是什麼？

　　熟悉Narcissism的希臘神話者，知道有一個版本是納西瑟斯（Narcissus）以美男子的名義活在希臘神話裡，他甚至拒絕美麗的回音女神（Echo）親近，而一直看著水面裡自己的倒影，後來掉下水中，變成一朵水仙花。這是美麗的故事，卻有著死亡的況味。

　　當風吹過櫻花瓣，在空中飛舞後飄落地的景象，是日本吸引觀光客的美景。櫻花在日本文化裡，或者在文學裡，都是重要的內容，建構了圍繞著櫻花為中心的美學，也含著美感經驗和死亡的況味。

　　從水仙聯想到櫻花，是有相同的基礎，「美學經驗和死亡況味」的交織，連動影響了希臘和日本文化裡，相關的衍生現象，豐富了生活的文明。不過，我無意以水仙的自戀，直接套用在櫻花的相關經驗上，或以自戀的概念來分析日本文化裡，櫻花戀是什麼心理意義？我更關切的是，在本書和目前文獻已有的文字概念的基礎上，是否櫻花的相關文化，能夠和以水仙為主的經驗有更多的對話，並讓這些對話和臨床經驗交流？

　　我的概念是，如果櫻花和水仙相關的現象，各是獨立的孤島，那麼若要讓我們有更多的想法，就不是以哪一種來分析對方，而是兩者藉由橋樑的建構後，能有交流對話。因此對我來說，雖然有目前的一些想法，但仍是發展中的議題。

　　先回到這本書的主要內容，不只是自戀，還有分裂、邊緣、空洞、抑鬱和憤怒等，目前看來也是孤獨的島嶼和記憶，如果有橋把它們串連起來，有更多的流通，也許會有不同的樣貌形成有趣的聚落。這些課題將會是我未來書寫的焦點，因為這些課題不但是診療室裡個案的主要樣貌，而且是佛洛伊德相對比較少著重的領域，也是當代精神分析後設心理學的重要理論場域。但是我更著重，從精神分析取向心理治療的實作和督導經驗，做為想像和推論的基礎，而不是只憑著空想而產生文字。

　　關於自戀，在佛洛伊德的文本裡，是從愛情談到妄

想，以及器質性的病痛和慮病裡的自戀因子，甚至是能夠睡眠的重要基礎，這是自戀狀態的極致展現。以牙疼為例，人只能沈浸在牙疼裡，不可能再想及愛情或其它的，這是佛洛伊德引介自戀的概念進來精神分析時，所展現的宏觀視野。若被窄化成，愛情就是自戀，而且是以負面的自戀來說明，無怪乎其他人會覺得精神分析很無趣，因為引進一個語詞「自戀」，並沒有發現人生的美感和挫折，反而變得只是診斷式的評價自己和他人。

關於自戀，我還想到豹或老虎的例子。很多人喜歡豹或老虎，牠們走路姿勢的優美，反映的是牠們對周遭的視若無睹，彷彿自己就是唯一的王，或者說，這是一種極致的自戀，卻有著某種美感，但也有危險性的混合，構成了不少人對牠們喜愛的基礎，這也是值得想像的比喻。

另有一個現象也值得想像，是關於夕陽這件事。佛洛伊德也曾為此寫了一篇短文，對於夕陽無限好只是近黃昏，提出了對於失落的哀悼的正向論點，而夕陽也是情侶愛人喜歡的，這意味著什麼關於美的經驗感受呢？是和近黃昏的失去，帶來淡淡憂傷有關嗎？也許這是我要持續觀察的，人的自戀，還有分裂、邊緣、空洞、抑鬱和憤怒的重要經驗和日常事例，不過可不要誤解我覺得這是病態，這不是我的想像，而是這隱含的生機和失落的美感，是如此交織在夕陽無限好只是近黃昏的意象裡。

　　寫到這裡，讓我有些清楚的是，葛林在自戀的雙重性裡，試圖指出來的心理場域，是從線軸的兩端的視野。但是臨床更是複雜，或者說是多重性，也許這種多重性可以用雙重性的兩端，以不同比例構成了多重性，但是，是否多重性就是多重性呢？我稍做申論……

　　讓「自戀」這語詞所涵蘊的領域，從希臘神話的納西瑟斯的水仙，到佛洛伊德於《論自戀》裡，引介自戀進入精神分析時所包涵的廣大領域，讓「自戀」這語詞，從活力生機美感，到死亡和破壞的況味。我試圖想像的，並不是如光譜的系譜線軸，而是如寫在羊皮紙上的層層交疊，雖然這個比喻無法馬上有什麼新的創意，不過這是我的新觀察和推論的方式，尤其是面對臨床思維上，逐漸被窄化的自戀的概念。

　　如果只是讓我們重複地覺得，個案或某人有自戀，這並非眞的想要了解什麼。這本書更想要表達的是，還有其它的可以想像，雖然有更多想像是否就很快可以連結上功效，這我還不敢多說什麼，唯有再持續地臨床觀察和想像推論，才是這條難以用言語觸及的領域的主要方向。

　　就以這些文字和留白，做爲本書的橋樑，看是否能夠充當連結，讓更多的可能性因此浮現？雖然曾考慮以「自戀的愛與死之外」，做爲本書的標題，因爲自戀的多重性，可能更接近「自戀」這個語詞所指向的，那片

難以被完全言說的領域，或者是我在2018年9月16日臺灣精神分析學會的「台中精神分析工作坊」下午的個案討論裡，說了一句自己在當時也訝異的話：「當我們面對個案時，腦海裡浮現『自戀』的字眼時，就表示其實我們正面對我們不知道的事情。」

我的訝異讓我仍記得當時情境裡自然浮現的這句話，而且我至今依然覺得，這是很有道理的一句話。

(2018.09.20)

推 / 薦 / 序

冬天終究來了
冷不冷
不是問題
心酸的是
飄散在超現實裡的
蒼鷹
守著複製品的
月光

迴旋與錯落

/ 葉偉忠

　　這個設問，在人類歷史中的座落，應該遠早於精神分析所想像的家庭結構與核心親子衝突，至少我如此相信：人，人類最初始的語言，是韻文、或是非韻文？

　　也可以問：當原始人一開始講話，他說的是「詩」？或是一般散文，關於天氣、寒暖、食物在哪裡、危險在哪裡、等等的日常生活？

　　不少人認為這懷疑很荒謬，但我能舉出許多例證，來支持「詩」才是語言的源頭。

　　光是散文的「散」，沒有結構、沒有約束的話語，即證明了散文是一個負面的、後起的、依附於韻文的概念。再者，人類原始的祭祀、儀典、頌禱、乃至咒語，用的全是詩。還有，還有鳥叫的婉囀，應該沒有人否認那是歌、那是詩。

　　詩，是生命的反映，是生命的本然：心臟的搏跳，如果你仔細聽、專心算一算，那是詩的節奏、詩的格律、詩的起源，那也是每個人最早聽見的朦朧旋律，週而復

始、永不斷絕。直到有一天，他出生了，遠離了，再也聽不到了⋯⋯

　　所以，不論在哪個文化、哪種語言，最初，文學即是詩，至少純文學始終是詩，直到有一天，小說誕生了⋯⋯

　　作為文學新生兒的小說，由於一個我們難以知曉的原因，在它散文的身軀裡，保留著體外的心跳聲音：散文敘述的故事中，穿插著一篇篇的詩歌。

　　詩文交錯（或合體）的小說，很早就消失於西方的文學，卻一直維繫在東方的傳統裡，直到二十世紀所有的小說匯流，夾雜詩篇的小說，才成為異類。

　　然而，當榮裕如此寫小說，卻毫無「違和感」。

　　榮裕的書寫，詩，一直佔有獨特的地位與可觀的比例。

　　我們不會去問為何他習慣將韻文與散文並列，也不會去問為何他讓詩滲透入小說的故事裡？一切，感覺是如此自然。

　　這一回，在第七本著作《水仙與櫻花：自戀的愛與死》裡，他直言他的小說「喜歡像首詩」，或就是詩篇。他揭露的，或許是他虛構敘事的詩意本質，而作為一個讀者，在此，我們僅能就其形式的表現來進行探討。

　　榮裕的小說，具備了西方「散韻交織文體」（prosimetrum）的一切特色。

　　首先，是作者巧心嵌入故事章節之間的詩篇。它們

看似一個個起承轉合的過渡、故事的中斷、情感的切換及沉澱，但實際上，每首詩都參與了線性的敘述、故事的推進。它們不是沿途的風景，它們就是閱讀之「路」的本身。

其次，「詩」之為文學作品，在敘事中引述、分析、延伸。它們構成了作者與文學、與歷史、與生命關注的對話。在小小說〈診療室隔壁的想像〉裡，愛爾蘭詩人奚尼、愛爾蘭詩人葉慈、與寫出〈哀悼葉慈〉的英國詩人奧登，交疊出一股命運與哀傷的重量。

再者，更有廣義的詩——歌曲、或無言的樂音。

歌謠、歌聲，總是以客觀卻饒富情感的方式，呈現出小說中虛構人物的心境、記憶、與生命的韻律。

榮裕在小說裡，「插播」了我們耳熟能詳的歌曲，不僅有台灣自己的聲音，江蕙與伍佰的歌，也有另一個年代、海洋彼岸異國的民謠，鮑布狄倫、瓊拜雅。它們讓閱讀的層次更為立體。

更往上推一層，詩的原始身份——神明的聲音——也未曾缺席這篇音聲多元的小小說。

我們甚至可以將詩的光譜擴展到繪畫，一如詩歌之於語言、聽覺，繪畫同樣是視覺文明中一枝獨秀的綻放。孟克的吶喊、蒙娜麗莎的微笑、拉菲爾的聖母、阿希爾‧高爾基的《婚約》、還有畫面如詩的電影，文‧溫德斯的〈巴黎‧德州〉......這些鮮明的景象，歷歷在目貫

穿了小說。

詩吟、歌聲、圖畫，為什麼要頻仍出現在小說裡？還有，它們為什麼要穿插融入精神分析的寫作裡呢？

它們是「診療室」、是工作、是創作的隔壁嗎？

而「隔壁」，一牆之隔的空間裡，住的是誰？

難道沒有可能是我們自己嗎？我，永遠都住在自我的隔壁……

讓我們回到起先的、原始的心臟的聲音。

心臟，不也分成四個房間，二心房、二心室嗎？心跳的搏跳聲，不正是隔壁與隔壁之間錯落有致的交流、互動、與呼應嗎？心跳聲，也是血液的迴旋聲。

以上對榮裕小說的匆匆一瞥，希望能讓讀者聽見本書更強健的心跳聲。

葉偉忠
巴黎索邦大學拉丁文博士
文字工作者

以自戀之名

/ 王盈彬

　　猶記得在我當精神科住院醫師的幼年期，蔡榮裕醫師甫由英國深造回來，開始帶領住院醫師的說話團體，當年懵懵懂懂的我，已經忘記蔡醫師如何介紹這一個團體了……現在的我已是中生代的專科醫師，回想起來，那應該是精神分析團體吧，也是我接觸精神分析的開始。十幾年過去，如今「臺灣精神分析學會」已經在蔡榮裕醫師及許多前輩的帶領下，集結了在不同國度受訓完成的台灣精英，其中一些分析師也開始了在地化的精神分析師的訓練傳承。

　　緊鄰著精神分析在台灣進行在地化、中文化的過程，中文世界本身所連結的文學、戲劇、詩詞散文又會如何與精神分析的發展連動？蔡醫師的一系列作品，我主觀的認為正呈現了這樣的接軌，詩詞散文的字裡行間坐落著對西方精神分析世界消化後的結晶。精神分析前輩們的思想論點，與蔡醫師自己豐厚的思考，彼此鑲嵌對話，成就出一種台灣精神分析的日常與自然。

　　回顧我在精神分析的學習經驗，我嘗試提出精神分

析本身所具備的幾種特質，來呼應這本書所呈現的樣貌。第一是，精神分析與臨床的關係密不可分。不像其他科學可以反覆驗證，分析師們再怎麼有經驗和知識，也無法預測眼前個案的反應與其潛意識的動機，原本已經形塑出來的個案樣貌，很容易被緊接的分析進展所修正，而且仍然一直變化。第二是，精神分析本身就是一種不可能有完整知識的學門。因為精神分析的建構起源於臨床經驗，臨床個案的多樣性、深度性與未知性，是永遠無止境的探索與演化，精神分析處在後設心理學的位置，用來解釋面對必定深化的潛意識探索，只會有更多更新的發現和不斷的演化。第三是，精神分析的專業語詞總是有多重的關聯意義。因為精神分析是想要探索未知的潛意識，一旦定義出一個專業語詞，除了繼續深化研究，接下來就有著因歷史文化的交纏而不斷堆疊的意義出現，也會看到以此語詞為基礎，被象徵化的各種延伸，這也是各種支派、各個時期的精神分析可以在同一個專業語詞上，火花四射的討論鑽研的光景，當然這也造就佛洛伊德當年與一些其他原本同道的分析師決裂的關鍵。

　　這些特質造就了精神分析特有的流動性，由此出發，再來閱讀本書所帶入的主題：「自戀」，就更佩服蔡醫師具體的以中文的形式，兼容精神分析的特質所進行交談的詩文。

　　分析室裡，有的是來來回回的感受與對話，「自戀」

不斷定標著兩人之間的隱微距離，也在傳遞兩人感受的潛意識。1914年佛洛伊德〈論自戀〉一文，對應到當時精神分析逐漸擴張的糾葛，各路思想交互作用，投注到「自戀」這個語詞，勢必激起的漣漪，讓單純的 Narcissus 的投映畫面，加入了旁觀者有心的連動。單人縱切的心智（意識、前意識、潛意識），加入彷彿的客體，橫向的關係投映在單人的內裡（本我、自我、超我）。這從平面到立體的交錯歷程，成就了「自戀」的各種解讀與發展。

這是以「自戀」主題做為中心點的書寫與思考，擷取出來的片片段段，他、她、和蔡醫師置放在書中的視角，各自隱含的意識、前意識、潛意識、本我、自我、超我，如果再將分裂的機制放進來，要解讀這些交疊，工程浩大到只能憑著直覺運作。這可以以精神分析的視角閱讀的詩文，看似平淡的文字，有著要靠想像連結的跳躍，平行的另一頭可以是精神分析的各種專業語詞與思想，這不再是映照湖面內外的相同，而是一種翻譯連接的過程。話說來說去，好像不會太難，但是要說來說去，又要不脫軌，就需要極高度精確的理解，這是多年來與蔡醫師工作的經驗，精神分析中文演化的軌跡特色紮實地在蔡醫師的文字中展開。

櫻花，讓我直接聯想到周遭友人近年來前仆後繼參與的櫻花祭，為了那一週的幻變，各方人馬醉心其中，

準備那一年一度的邂逅，這些美麗的畫面也同時會出現在手機的通訊畫面中，這樣的花開花謝之後，會孕育出怎樣的水仙？這算是把櫻花和水仙這兩座孤島連了起來嗎？又或者只是我一廂情願的自戀枷鎖，就為了回音女神Echo心中的完整，誤會了原本櫻花和水仙各自所擁有孕育的生命？當知道了愛與死之後，文字繼續堆疊在此，又會產生如何延伸呢？

我常覺得每一段分析治療都是精神分析發展史的重演，沒有捷徑，沒有縮短。從一個人的獨白，到發現治療師的存在，驚覺治療師和自己想像的差異，再回頭看自己的誤解，最後感受到過去和現在的不同，就如同自戀的發展，直到水仙花開時。每一位分析職人和被分析者都是獨一無二的配對，進行著自己的故事版本。這是精神分析迷人的地方，但是也是艱苦的所在，沒有標準答案的標準，就像沒有固定時間但固定會發生的櫻花祭一樣，甚至隨著現實的大變化，全球氣候的大變遷，這種不固定更加的明確。

寫下這篇序文的同時，展現的是我的自戀、或是蔡醫師的自戀、或是我們藉由文字彼此共生的自戀？此時此刻，當文字成為這一種被投射的媒介，又是如何的組合與流動？一百年前佛洛伊德談的「Narcissism」，和一百年後，蔡醫師談論的「自戀」，這一個專有語詞，乘載了期間許多精神分析前輩們的闡述與註釋，也把西方

文明與東方文化，集結起來，這些深厚的材料，是蔡醫師提到的至少五種版本，未來的版本也待續中。

王盈彬
英國倫敦大學學院理論精神分析碩士
臺灣精神分析學會監事
王盈彬精神科診所暨精神分析工作室主持人

島上的水仙花

/ 劉心蕾

　　週六早上的陽光從窗口透進房子裡，斜斜地，有種蓄勢待發的朝氣。橢圓形的會議桌旁散坐著並非來開會的人們，他們安靜地聽著主席位子的男子說話，他操著台語口音，發音不甚清晰，但他們認真地聽著。他們認真地聽著，從清早到傍晚，每月的某個禮拜六，就這樣好多年……。他們彷彿吸取著什麼、吞食著什麼、澆灌著什麼，然後，有一片或兩片葉子的小小嫩芽開始冒出頭來。不確定是不是水仙花。

　　那是我跟精神分析的相遇，場景是台北的大學校園而不是高雄的夜市，時代也已是解嚴後十多年的台灣。我所遇見的這個精神分析跟蔡醫師筆下的那個想必也像是他所形容的兩座孤島，只不過這兩座島上或許會見到相似的水仙花，畢竟當年坐在主席位子一開講就是六個小時的那個男子正是蔡醫師本人。依然記得當年還是個菜鳥的自己，在個案討論的時候就像書中某些故事裡的人物一樣，或困惑或害怕或自以為已經了解了什麼。當討論到某個想不透的治療片段，突然聽見蔡醫師微笑地

指出：「這或許是我們治療師本身的自戀啊！」頓時心中一驚，不確定自己是不是被罵了……，但彷彿又好像聽懂了什麼，因為感覺得到自己心中確實有些什麼，在治療關係中佔了一席之地。當時不知道的是，要再更明白這「自戀」二字究竟指的是什麼、可以怎麼想、甚至怎麼做，後來又過了十多年好像還沒出師……。

　　如同蔡醫師在書中指出的，日常用語裡的「自戀」含有多重的意義，蔡醫師甚至可以想出五個版本來討論它。對於在台灣學習精神分析的臨床工作者而言，除了從佛洛伊德的〈論自戀：一篇導論〉出發，也通常跟隨著佛洛伊德相關概念後續的衍伸，下一代分析師如克萊恩、比昂、寇哈特……等等新開拓的概念，還有我們在地師長的「翻譯」（這裡的翻譯兼指不同語言上的翻譯，以及蔡醫師在文中提到的更接近『理解、詮釋』的意思），在這樣的一條路上慢慢建構我們自己對自戀概念的理解，並嘗試把它使用在對個案的想像以及對我們自身的反思上。而前輩們將理論和著臨床經驗反覆咀嚼之後的「翻譯」，往往是入門者最感親切的「一口大小」又好消化的營養品！

　　學習精神分析的路上，理論的浩瀚汪洋不時會讓人迷失方向，甚至常常覺得要被淹沒了。要能夠深切的理解與掌握某一個概念的多重面向，簡直就像是要同時精熟長泳與深潛一般，對許多人來說幾乎是不可能的任務。

在這種時候，臨床經驗往往能幫我們一把，而其中更重要的是，經驗帶來從自身感受出發的思考機會。佛洛伊德曾不只一次提到，潛意識往往能提供我們對個案更快速更準確的理解。或許書中的這些故事能帶來收穫的一個面向，便是某些能引人共鳴的反思片段，不論是關於治療者的反移情的引述，或是蔡醫師與我們分享的個人聯想。像是在〈恐慌的某個角落〉這則故事裡，蔡醫師提到治療者對個案「形容自己無法『駕馭心臟』的說法，覺得很訝異，但也充滿了好奇之心。他不解，何以他在這個說法裡，竟是如此自大，對於自己是否能夠『駕馭心臟』的念頭。他甚至對自己浮現這個想法，認為她是如此自大，他要為這個想法覺得很抱歉。」(p.78)故事裡個案「無法駕馭心臟」的描述相當生動的反映出自戀的自大全能幻想，但治療者的感受更像是這畫面中最吸引人的主意象，那些訝異、不解與感到抱歉，或許都隱微地帶給讀者共鳴。所有那些我們曾在相似的時刻經歷過的訝異、不解與感到抱歉，在此有了連結。「自戀」不只是個理論概念，不只是個用來理解個案的工具，那是也默默長在我們自己心裡，彷彿陌生，未曾好好理解，甚至害怕討厭的一塊。如果感覺不到這個，或許我們將缺了學習理論時的重要一角，屬於潛意識的那一角。

關於像這樣特別的一本書，蔡醫師寫道：「......目前這種書寫，到底能夠反映什麼？我到底在寫誰？是一個

叫做個案，另一個叫做治療者的人嗎？其實我也不太確定，這種書寫是什麼，到底是收拾農夫收割後掉在地上的稻穗，讓它變成一幅拾穗圖般的美麗圖像？或者，只是在已經發生的事件背後，再度指指點點，彷彿我什麼都知道？其實，我很懷疑這點，只覺得已經知道的想法，永遠跑不過令人困惑的臨床材料。」(p.57) 但我在讀著這本書的時候，總覺得好像又聽見蔡醫師講課時的聲音，就像是他依然持續地在咀嚼著、翻譯著。書裡面集結的是蔡醫師這些年來在臨床與理論上持續思考的諸多篇章，蔡醫師眾多的後輩與學生們想必也都在這過程中有幸親炙至少部分內容的現場發表，而其他的讀者們這次也有機會透過文字聆聽蔡醫師獨特的「翻譯」，吸取、吞食、澆灌自己心中的那株小苗，也許，會開出水仙花。

劉心蕾

臺灣精神分析學會分析師候選人

精神分析取向心理治療師

諮商心理師

賞櫻花與水仙的愛與死
讀自戀的他她我和問號

/ 劉慧卿

　　「自戀」的主題，在精神分析演進的歷史中，是後期的事了。佛洛伊德一開始的焦點是「性本能」，是活生生地有性目標和性客體的。而偏偏「自戀」，無客體、無目標、單單地存在，持續地存在、靜靜地或眩目地存在。時而明顯、時而隱晦。如水邊的水仙花，倒影比花深刻；或像燦爛即逝的日本櫻花，引人不得不以時刻追隨。「自戀」主題的屬性，與佛洛伊德所創的精神分析一開始想揭露的本能秘密，好像是不同的，「自戀」似乎較接近於一種獨特的存在奧秘！

　　佛洛伊德一直到1914年〈論自戀：一篇導論〉（On Narcissism：An Introduction, Freud, 1914）一文，才正式談論「自戀」這個主題。這篇文章後來成為精神分析重要的文獻，其內容豐富，包含著佛洛伊德後來許多理論轉折的重要元素，開創了佛洛伊德自己往後大約十年間，補強自己重要理論的模式（Freud,1923,1926）。但是同樣地，這篇文章所留下來的問號，竟是不比提供的答案

少。大約57年後，美國的Heinz Kohut於1971年出版了
《自體的分析》（The Analysis of the Self）一書，Kohut
延續自戀原慾的理論，開疆闢土，倡議自體概念的重要
性，完成「自體心理學」的論述，他是唯一一人，限定
自己理論範圍於自戀人格的分析師。幾乎是同年，1971
年，克萊恩學派的分析師Rosenfeld，提出破壞性自戀的
觀點，他死後於1987年將破壞性自戀的觀點集結成《僵
局與詮釋》（Impasse and Interpretation）一書，正式將自
戀接到克萊恩「死之本能」的大本營中。

　　如果我們把佛洛伊德與布魯爾合著之《歇斯底里研
究》（Studies on Hysteria）在1895年出版，當成是精神
分析創始的元年，那麼精神分析的流變至今已有123年。
在這百餘年中，我們也許可以想像有一張精神分析理論
研究的地圖，從源頭佛洛伊德的「本能」開始畫起，上
方是「自我」，右邊是「客體」，左邊是「自體」，於
是地圖的中間遍佈的是，蔡醫師在書中重複提及的個案
的自戀、邊緣、抑鬱、不滿、和空洞......等等；以及百年
歷史中，分析師的思考、語言、詮釋、神入、抱持、涵
容、α、β、O.....等等。地圖上，從一開始，是佛洛伊德
以分析師的角色，想要追蹤歇斯底里個案的蹤跡，後來，
慢慢地，個案跟著分析師，個案跟著不同的分析師，不
同的分析師追蹤著不同的個案，不同個案又追隨著不同

的分析師;而終於百餘年後,在這地圖上,足跡紛沓,誰跟著誰、誰找到誰、誰發現誰!只知道,許許多多的個案和分析師,在不同的時間、不同的位置,走過這個地圖,留下至今不滅的足跡和當年的塵土。

我自己精神分析學習的歷程中,自戀觀點的學習是在客體關係的學習之後的。也就是在精神分析理論研究的地圖上,我曾從右邊走往左邊。左右相較,以學問的質感而言,總覺得「客體關係」的二人世界,眩目、豐富、引人入勝、吵吵鬧鬧,像歇斯底里的女人心事,引人探索。而「自戀」則單一多了、優雅多了、是一個人安靜而不喧鬧,你必須細細玩味,猶如賞花,或準備與文人雅士一一相會。雖然也有所謂「破壞自戀」的主題,但破壞自戀有些複雜,明明是「自戀」,愛和生,卻沾染了死的氣息。

既然這本書是談「自戀」,是優雅而遺世獨立,所以在這裡,學派不吵架了,一起在場,安安靜靜地品賞水仙和櫻花,和閱讀自戀。

於是,這一陣子,我拿著蔡醫師的文稿細細讀……在診間等病人的空檔讀、在咖啡店的早午餐時刻讀、在書桌旁檯燈下讀、在就寢的床上讀,許許多多片段的閱讀,一段一段讀,我跟著蔡醫師曾經的一段一段的書寫,他寫完了一本書,我讀完了一本書。

閱讀蔡醫師的小小說,看到了始終是他和她和我的

主軸，每個小小說，對臨床工作者而言，都是似曾相似、熟悉的臨床場景。蔡醫師成功地以文學的文筆和思考創作，將一次次晤談的場景，濃縮轉化成絕佳的文學作品，一次次晤談的場景藉由自由聯想，穿越治療室的時間和空間。同時，也彷彿將治療場景帶到我的閱讀現場，他和她在診間的電腦桌椅旁說著話、他和她在咖啡店的鄰桌流淚哭泣、他和她在書桌檯燈前沉默對望、他和她在床邊不說話......而我，和蔡醫師的我，共振和對話著。

閱讀蔡醫師的雜文，不是單一理論地書寫自戀，像遊走在精神分析理論研究的地圖上，從南走到北、從東走到西，走來走去，中間穿越語詞的沙漠和情感的綠洲。也像是當年讀佛洛伊德的論文，留下的問號總比答案多。蔡醫師是多產的作者，我知道他已經在精神分析理論的地圖上貫串遊行許多許多年了。他出過的書籍主題，從潛意識、語言、創傷、憂鬱、技術、變性、監獄......。讀蔡醫師自戀的雜文，像讀蔡醫師長時間不容易的邊走邊想。

來賞水仙，看花開的展顏，由死到愛，心隨著展開，擁抱愛過的我和他和她。

來賞櫻花，聽花落的聲音，像一根針掉落的聲音，刺在心上，由愛到死，心痛了一下，留下許多未知的問號。

來走一遭精神分析的地圖，生生死死、愛愛恨恨。

最後，來讀自戀，蔡醫師書寫的自戀，我自戀的閱讀。當然，還需要加上讀者你的閱讀，不管認真讀、或隨意

自由聯想讀都可以，我認爲，這樣書才算眞的完成了。

　　而這一路上，請放心，書中隨處都有蔡醫師的詩，感謝有詩，於是我們可以暫時坐一下，歇一歇。

劉慧卿
宏慈療養院院長
市立聯合醫院仁愛和松德院區兼任主治醫師
臺灣精神分析學會會員

精神分析作為一種生活態度

/ 盧乃榕

　　很榮幸獲邀為蔡榮裕醫師的新書寫序，蔡醫師對我而言是精神分析領域裡大師級前輩，能受他信任賦予如此重要任務著實讓我受寵若驚。與蔡醫師真正的相識是在「臺灣精神分析學會」裡開始參與臨床課程學習時，猶記得在課程結束後，蔡醫師自告奮勇要帶領我們一同閱讀比昂(Wilfred Bion)，那個讀書會被安排在週二晚上接近就寢的時間，聽說蔡醫師的許多讀書會都安排在這有趣時段，不知道是不是為了要與我們自己的潛意識更靠近的用意。在那讀書會期間，很享受蔡醫師就著文本素材，帶出了更多關於精神分析歷史背景與理論的深厚意涵，搭配蔡醫師獨特臺灣味口音，每每讓我有一種拉板凳坐在樹下聽老爺爺說故事的享受。在這本書後段「回到佛洛伊德」，蔡醫師也分享著精神分析史前史，及他如何受到佛洛伊德啟蒙，搭配屋簷角掛著等不及想吃的風乾香腸，彷彿那位幽默趣味的老爺爺又再現眼前，讓我更加深刻地感受到蔡醫師獨特的文學與人味，也同時窺見了我所未知，關於臺灣精神分析的草創歷史。適逢

接受成人精神分析師訓練與閱讀佛洛伊德文本的此刻，頓時有番中西合併的風味呢！

接觸過蔡醫師的人一定都有相似經驗，很難忽略他表達方式的艱澀難懂，一開始以為是自己在專業上過於生嫩，隨著接觸前輩與閱讀文本增多，才理解到這是蔡醫師獨到的風格。2016年起他開始出版一系潛意識叢書，不僅為臺灣在地的精神分析再創歷史，我也終於能理解何以他的話語總是如此晦澀，我想是他作為骨子裡是詩人、現實裡是精神分析職人，又像詩又像潛意識的融合呈現。蔡醫師在文字間堆砌了許多潛意識的內涵，以至於在聆聽飛逝而過的話語時難以頃刻捕捉全貌，那些龐雜的弦外之音彷彿存在、然而又虛無飄渺，他的書給了我們一個機會，你能夠細細體會、慢慢咀嚼他在段落間埋藏的豐富想像空間與隨之開展的潛意識意蘊，他已然在他的書中，為我們創造了潛意識的自由聯想之境，將精神分析的精神落實於不僅專業上也在字裡行間。

當年佛洛伊德開創精神分析時，試圖以文學、藝術、醫學、神話等來描繪精神分析，並找到可以觸及潛意識的語詞；蔡醫師如是的使用詩、小說來嘗試描繪外人們難以窺見的診療室情景，甚或是精神分析的金與銅。第一部分的小小說，蔡醫師採用他和她之間再尋常不過的日常對話逐漸展開臨床實景，試圖在佛洛伊德的歇斯底里之外，也為我們臨床上常見的自戀、邊緣、抑鬱、不

滿、空洞劃出一些空間，及得以被想像接觸的可能性。
他和她帶出了人生的許多面貌，也包含在診療室裡上演
的各種真實。第二部分的雜文，收納了許多蔡醫師的隨
想，如現代精神醫學診斷名稱出現後，對自戀概念帶來
的限制；或精神分析詞語中文化，是否會帶來理解上的
限制。他從探究臨床上的負向治療反應與自戀的概念接
軌，我很驚嘆於蔡醫師對「自戀」的五種版本論述。我
進一步聯想到佛洛伊德在1914年〈On Narcissism: An
Introduction〉一文提到的，歇斯底里症者或強迫性精神
官能症者，隨著病情會有著跟現實斷絕的關係，原慾向
內轉向自己，以假想客體參雜著/或取代真實客體。佛洛
伊德所描述的這些現象或許如同我們在一百年後聽見個
案於診療室裡娓娓道來的故事版本，能否這樣思考呢？
有多少自戀的成分，有多少假想的成分，又有多少真實
的成分，以及隨之而來的不滿、消沉、空洞、抑鬱。也
呼應蔡醫師所言，這些個案帶來的片段、陰暗扭曲之處，
都等著有朝一日被理解與統整之光給照射。

　　作為精神分析職人，在診療室裡聽到的不只是話內
音，更多的是話外音，是個案何以走了那麼遠的路來到
了這裡，是潛意識在傳達的訊息。蔡醫師的這些小小說
提供了非常貼切地呈現。這也使我想到了美國小說家及
詩人Raymond Carver有名著作《What we talk about when
we talk about love》，小小說裡的臨床實景猶如「What

we talk about when we talk about psychoanalysis」的最佳代言。精神分析存在於診療室中，存在於平凡生活中，也存在於困頓交雜的百般滋味中，蔡醫師將精神分析的哲學精神編織進日常生活點點滴滴，如果你對診療室裡在發生甚麼、對甚麼是精神分析、對潛意識或言語的弦外之意好奇，這都是一本引領你窺知一二並產生各式發想的書。如同愛有很多種方式，每個來訪者也都在蔡醫師筆下以不同方式使用著治療者，帶出了精神分析的多樣風景。

盧乃榕
國際精神分析師候選人
臨床心理師

愛上精神分析的N種理由

/ 葉怡寧

　　我不會寫詩。但僅以此詩向蔡醫師《水仙與櫻花》一書致敬。

變形的哀傷利比多
不忍放棄孤寂的蒼白櫻花
伸出觸手
溫柔地引渡死亡攻陷
暗地裏綻放出深情的自戀水仙
低頭
凝視陰影中永恆的愛與死

愛上精神分析，需不需要理由？

　　2016年年初某個陽光燦爛的週六下午，一群參加臺灣精神分析學會所舉辦，精神分析取向心理治療臨床課程的心理治療工作者，圍著圓桌自我介紹。大家談到學

習精神分析的緣起,二十個人中,竟然有十八個人的學習精神分析啟蒙,跟蔡榮裕醫師有關。也是從這一年開始,蔡醫師,同時也是詩人、作家、心理治療工作者、精神科醫師,開始以一年兩本的速度,將他多年來的幾百萬字文字作品,集結出版。本書應該是此系列叢書第七本,也象徵蔡醫師持續前進的方向。

2018年臺灣精神分析學會年會中,眾多精神分析學會年輕會員,用活潑生動的方式,報告國際精神分析學會精神分析百科辭典的中文版翻譯工作。大家不約而同地提及,受到蔡醫師的邀約時,混合焦慮和受寵若驚,使命必達的感受。老實說,這也是我受邀寫這篇序的感覺。我一直在想,為何蔡醫師這個人,會讓大家都有同樣的感覺?好像是一個強大的父親,溫柔但堅定地持續走自己的路,有種縱然千山萬水吾往矣,永不退卻的勇氣和毅力,同時拉著大家「精神分析,長路一起走」。我們對他又愛又怕的感受,難道不是一種「父親移情」?然而這個權威但不威權的父親,用他的生命和愛,在台灣這塊土地上,撒下精神分析的種子。而這個時節,精神分析在台灣,已經花開遍地。

風不會說自己要起步了,但雲已經飄向遠方

就如賈克·拉岡(Jacques Lacan)在《講座·第一講》(The Seminar of Jacques Lacan, Book I)提到佛洛伊

德的書寫：「......佛洛伊德的性格會以一種直接的方式顯現出來；如此率直，以至於無人會不予注意。他簡潔及坦白的語氣本身，就已是一種教育。」（宋文里，2018）

　　蔡醫師的書寫，非常有他個人的風格，就像聽他演講，也像跟他聊天或督導，總是模模糊糊，有種越聽越不懂，但想讓人繼續聽下去的魔力，像是想往更深沉幽微的內在，彎彎曲曲的探索前進。在思考的過程中，想著想著，以為就要撥雲見日，但最後總是柳暗花明又一村。後來才知道，精神分析最終的目標並非找到答案，而是刺激更多的想像，啓發更多疑問......，我在想，蔡醫師的文字爲何如此觸動人心，是因爲如他在本書中所提到「這些文字是有方向......他和她不曾是某個人，卻可能是每個人的未來人生，以不同程度和不同比例，存在於舉手投足或細微感受裡。每個人都可以找到自己的影子，卻不會有人 跟他們完全一樣，只因是風中的想像。」

　　雖然是想像，但如此活生生。本書第一部分，33則「小小說」，描繪的是治療場景。蔡醫師「意識流」的書寫，彷彿帶著我們，用「平均懸浮的注意力（evenly suspended attention）」，讓想像力自由流動在第一人稱（我），兩個第三人稱（他／她，治療師／個案）之間，重現個案和治療者在治療室中交會的瞬間。但文字的洗鍊，寓意的深遠，又的確像是在看小說。在閱讀中，讓人不時掩卷低迴，思考身爲人無奈的處境。「她」或「他」

的話語，呈現何種外在現實？又代表哪些精神現實？「我」的自由聯想，在治療室內外的穿越；在過去、現在、未來流轉；有時貼近有時遠離個案的感受和矛盾；有時喃喃自語充滿不解和疑問，在黑暗中掩卷低迴，在沈默中絞盡腦汁......，這些「小小說」彷彿上演一幕幕治療中的心理劇，讓我們一窺分析取向心理治療室的日常，也同時享受閱讀文學的樂趣。

本能與自戀

雖說是「雜文」，但更精確說來是「複雜文」的〈語言的困境：自戀和本能相遇，如何說哈囉和再見？〉是蔡醫師在準備 2018 年 9 月 16 日臺灣精神分析學會主辦的台中工作坊「愛自己的 N 種方式：自戀面面觀」演講的成果。由於在準備過程的文思泉湧，對於這個主題有不少想法，因此呈現了談自戀的五個版本。但若是有足夠的時間和篇幅，我想蔡醫師絕對可以一路寫到談自戀的 N 個版本。

講題的來源《論自戀：一篇介紹（On Narcissism：An Introduction）》這篇論文，是佛洛伊德由《歇斯底里的研究（1895）》，《夢的解析(1900)》，《性學三論(1905)》，一路寫到 1914 年，跟本能理論（Instinct Theory）相關的文章。隨著精神分析理論和技術的精進，佛洛伊德在寫這篇論文時，提出許多個根據臨床觀

察自戀現象所得到的本能理論的創新觀點，但也因此挖了個坑給自己跳，遇到本能理論發展瓶頸：如何解釋自戀現象中，客體本能（object-libido）從客體撤回，回到自我，竟然和自我本能（ego-libido）合而為一？因此，本該對立的性本能（sexual instinct)和自我本能（ego instinct)變成是同一個來源，本能二元論的立論搖搖欲墜。佛洛伊德繼續發想，終於在1920年的「超越享樂原則」中，提出的死亡本能的概念，解決這個難題。延續這樣的精神，蔡醫師由希臘神話的關於美男子Narcissus和Echo女神的愛情聯想出發，一路帶我們連想到比昂提及的社會戀（socialism）、翻譯、連想到治療室中最困難的「破壞自戀」情境。他問到「什麼情況下我們會說某種破壞是破壞本能在運作，而不是一般的破壞？是指重複性高，影響生活層面大，而且總是讓人覺得多說也無用的感受？『我也沒辦法』的強烈感受，是佛洛伊德說的負面治療效應裡的死亡本能？」他也提醒我們，在什麼時候，治療者的心中會浮現眼前「這個人很自戀」的想法？但是否也是因為治療者需要將「自戀」這樣的複雜的問題，套上簡單的答案，用來處理反移情中最挫折的情形？面對這樣的狀態，我們並非束手無策，而是要時時提醒自己：再等待、再思考和再觀察。

精神分析，是真愛，也是最愛

蔡醫師是臺灣精神分析發展的指標性人物。我想到他在本書中的一段宣言「時間是往前走的，這些文字在未來會再浮現出它們的意義，尤其我們花更多時間盯著它們所展現的現象時。我們會愈看愈細緻，心理的空間會愈擴大，這是我未來其它書要開展的另個出發點。」對於大家的精神分析啓蒙者，蔡榮裕醫師，不論是聽他演講，或者閱讀他的書，對我來說，總是混合感動、困惑、思考、懷疑、有趣……，他帶給大家這些活生生的經驗，絕非只是學問上的累積，也不只是知識的傳遞，而是蔡醫師用他特有的方式，實實在在將呈現他生命中的一切現象：將所感，所思（自由聯想），所見，所聞，轉化爲語言和文字。蔡醫師的寫作是臺灣精神分析文學的瑰寶，見證精神分析在臺灣的發展，終將成爲一家之言。希望本書的閱讀，會是你愛上精神分析的下一個理由。

葉怡寧
國際精神分析學會／臺灣精神分析學會精神分析師候選人
英國倫敦學院大學精神分析理論研究碩士
精神科專科醫師

小 / 小 / 説

[它有時喜歡像首詩]

喉嚨深處的感動
是什麼顏色
可以潑灑一朵花
招攬說不出口的夜色
是什麼故事呢
有誰可以說清楚
風風雨雨是乾燥油畫裡的景色
只在有人悲傷時
剪貼夕陽
成一句冗長彎曲的沈默

診療室隔壁的想像

風不會自己說要起步了，但我們可以宣稱，這是起點。我們要走向人心裡更難測，更難描繪的領域。

這些文字是有方向的，它們要從歇斯底里的年代出發，但始終還有更深沈的自戀、邊緣、抑鬱、不滿和空洞所構築的人生。

他和她不曾是某個人，卻可能是每個人的未來人生，以不同程度和不同比例，存在於舉手投足或細微感受裡。每個人都可以找到自己的影子，卻不會有人跟他們完全一樣，只因是風中的想像。

這是詩，只因有人在暗巷裡喘息，有人喜歡說它是小說，但我相信，它是詩篇。

1·如果心臟會說話

「到底，誰知道發生了什麼事？」

他的控訴像是針對空中的某種存在。她努力回想，是否與她今天告訴他，在三週後，需要更改談話的地方至另一棟大樓有關。她清楚記得，當她告知他此事時，他先愣了一下子，不到一秒吧，他隨即談著公司裡人事的變動。

人世間，即是變動不居的吧，但是，這句話能夠說服多少人呢？

我想起，今早路過那條每天必經的斜坡，當陽光突然消失時，那瞬間的色差，我乍然看見了，被擋在姑婆芋葉面之下，一株小的姑婆芋，努力地想探頭出來。

也許，跟變動沒有什麼關係吧，我只是納悶著，何以他的控訴，卻反而令我覺得心安，好像有什麼事正在發生著。

他首次細膩地描述，他與某位女同事談論著，同事電腦桌面上的全家福照片。他說，以前不曾看過那張照片，但依照同事的說法，更貼切的是，他以前根本不會去看周遭這些事，彷彿有某件永遠無法找到稱呼的事件，遮蔽了他的視野。

他有些反常地興奮，比手劃腳地，一片天空在這些

比劃裡，重新以畫筆渲染，在明亮的雲朵後，藍寶石般的背景，已經趁勢起身，開始要說些話了。

她也好奇，到底發生了什麼事。他不曾問過她個人的事，當她還在納悶時，他說，隔天，他即不敢再跟那位女同事說話了。那種慣常出現的心中恐慌，又出現干擾著他。他告訴自己，最好，他只盯著自己的工作就好了，不然，會發生可怕的事。

但他真的不知道，是什麼可怕的事。他像個一直出手要管教自己心臟的人，但是，心臟卻始終不理會他的教誨。她想著，不服管教的心臟，到底是如何宣稱與定位，它對於身體主權的堅持。

我仍一直環繞著那個念頭，早上陽光突然消失片刻時，那株小姑婆芋突然被窺視的心情。如果，他只是期待，有一天，他也能夠大聲地與同事寒暄。只要簡單的問候就可以了。

她清楚記得，他在剛開始時，總是說著，在安靜的傍晚時分，他期待有人願意聽他說話。而且，這個想法浮現時，總是伴隨著緊張的心情，他是透過心臟突然跳得很快，來認識什麼是緊張。

花了他很多寶貴的人生時間，他才知道這一點。

「到底，誰知道發生了什麼事？」他總在傍晚時候想要問。

她可以感受到他的謹慎，他早已如秤錘般的心，勉

強地修繕這句話流洩出來的其它心意。雖然他早已不記得，當初是如何學到這種修繕的技術，努力地讓自己的困惑，站成任風雨無情的一尊雕像。困惑很柔軟，雕像卻很堅硬。但是，她卻覺得，常被那些柔軟的困惑，綁手綁腳，嗯，不對，應是她常覺得被溫和綁住。

她突然記起，前一週，她因身體不舒服，而向他請假，她在當天的早上才打電話給他。她只記得，電話中他的聲音聽起來，似乎早已準備好，她會跟他請假似的。這想法後來卻被她自己遺忘了。

我覺得，她或許不是被他的溫和所捆綁，而是她拒絕了他的質疑：「到底，誰知道發生了什麼事？」。

她開始思考，也許他今天談了與女同事的故事以及其它訊息，只是，一小口一小口地，吐納出這個藏身姑婆芋之後的疑問。

但是，他並沒有直接提出，她何以突然請假，到底她發生了什麼事？我想著，如果，她是以遺忘她在上週突然請假之事，做為她對他的記憶方式，那麼，她的突然又記憶起來，好像是她遺忘他的質疑的方式。

在她提及，他是否因為，對於她上週突然請假的原因，充滿了困惑？他只是冷淡地回應，反正誰能保證每天都無事呢？這令她更加困惑，到底發生了什麼事呢？

我也同樣困惑，思索著，如果陽光突然消失時，可能讓我突然窺視了，藏身在後的小姑婆芋。這種偶然，

卻讓我更加堅信，看見什麼或對什麼盲目，或者記憶與遺忘什麼，就在這些微細的變化之間。

雖然，我也是愈來愈困惑：「到底，誰知道發生了什麼事？」

她想著，如果，他可以認識他自己恐慌的深刻意涵，而不是隱身在自己的心臟之後，也許，他就可以輕易找到幸福的方程式。

然而，在她對面，他可能還在想著，如果她可以記得他，在診療室外仍記得他和他的問題，不需要他說這麼多話，也許，她可以找到了解他的方程式。

傳說中的白花
像霧
沒風的夜晚
跟黑暗十指交扣談情愛
周旋著難分難捨的七顆星星
準備隔天
在長長的沙灘曝曬
愛慢跑卻少說話的舌頭

2·一輩子都只靠自己

七月天，天氣依然悶熱。

她坐下來時，對著也是女性的治療者表示，她今天仍是坐車子直到大門口。

我想著她的說法，是要呈現她和治療室之間有何種關係？或者像是抱怨這種天氣，竟然還要趕到診療室？或者對於再次要見同為女性的治療者，她竟然需要一路承受熱氣趕路，雖然車子裡有冷氣，似乎未能緩解她心中逐漸形成，卻難以使用文字說清楚的某種感覺吧？

她仍在等待她說話。

兩個她，更清楚的說法是，兩個她都在等待另一個她說話吧。的確是很奇怪的行業，有人說話，有人聽話，雖然在每個家庭裡，說話和聽話，是有人類以來就存在的某種現象吧。我只能說這種「現象」，讓我聯想到卡繆的《異鄉人》，小說開頭以很長的篇幅描述陽光。

陽光和陰暗。

她接著表示，她一直都是靠自己長大的人，從小至今的感覺。沈默的另一個她納悶著，她的母親是怎麼回事？她的母親到底哪裡去了呢？佛洛伊德終其一生與女性個案奮鬥，到了晚年，他仍覺得，女性的內在心理世界是「黑暗大陸」。

佛洛伊德這句話，的確引來了各路人馬不同的解釋，有人覺得英雄所見略同，有人則鄙夷佛洛伊德的無知。

她還不清楚，當她說自己一輩子都只靠自己，這句話的真正意涵？雖然這並非表示，她心中沒有既定理論，來提醒她這可能是什麼意思。但是，她決定還是先沈默，她覺得和她工作時，需要更多的思考空間，好像沒有思考空間，就沒有自由。

「我母親始終不曾正視過我……」，她似乎無意識地感覺到了什麼，繼續對著她說。

我想著，這是多麼深沈的悲哀啊，需要多少的人生才能補足。

她不只在自己心中沒有母親的存在，就算待在診療室的當刻裡，她心中好像也沒有一個同性別的她的存在，雖然現場有一位有名有姓有身體的治療者的她與她同在。她感覺到此時的氣氛，儘管是在陽光底下工作，卻如同冷氣開關上顯現的數字，它是很冷的。

她也覺得，找不出字眼來形容，這個她依通例稱呼為「個案」的她，到底，她是誰啊？

「我曾經崩潰，已經記不起多少次了。」她說著自己。

她等著她繼續說，在陰暗裡，突然出現了裂痕，而裂痕透出一道陽光。不過，太光亮了，她沈默了下來，半閉著雙眼。

　　治療者的她重覆出現這個迴響：「已經記不起多少次了」。

　　她覺得，她似乎更想要她不要真的記得所說過的話，畢竟每句話都是辛酸和苦澀。天這麼熱，辛酸和苦澀沾粘在炎炎夏日馬路上的柏油，每一步都是艱鉅的心理工程，但一時之間，難以找到可言說的語言。

　　我覺得自己差點被她說服了，認為她的深沈悲哀，的確是沒有任何人可以幫得上忙。也就是說，我試著掙扎做為一個人時，卻只能袖手旁觀，這是她控訴自己始終孤單，抑或是某種哀求我們要挺住，不要被她對待我們的非人化態度所打倒？

　　治療者的她表示，她不太能確定，這到底是怎麼回事，她倒覺得更像是拒絕，硬要將治療者的她踢出受苦的內在世界。

　　也許只能如此地在黑暗中前進，或者根本談不上前進之類的，僅能夠勉強維持著目前的樣子，雖然，也很難真的清楚，目前是什麼樣子？

　　「不論如何，我依然無法接受那種苦痛，沒有人可以安慰我……，我還是堅強地走過來了。」她進一步說。

　　她像在遙遠沙場上，打了多年的仗後，如今返回早年的居住地，四處張望，希望可以找到熟悉的人和聲音。只是她愈來愈警戒，不確定如今故鄉的人們是否接受與歡迎，她這場多年的征戰。

但是，她還是堅強地走過來了。

「我已經走過來了。」她強調。

治療者的她卻覺得，她這麼強調只是讓她更擔心。她這麼說所引來的，不是晴天的明朗，而是另一場陰天的來臨。

她說出自己的勝利後，突然變得有些膽怯，小心地等待著她的回應。七月天的暑氣，充塞著原本即狹路相逢的兩位女性，只是，一人叫做「個案」，另一個叫做「心理治療者」。

「我的母親不曾正視過我......」她曾說過。

這次的時間快到了，治療者的她卻感到很大的壓力，對於時間的流失，好像她必須說些抱歉的話語。

她努力克制自己說出這個道歉，為了避免誤踏入個案的她在勝利時所帶來的陰天。這瞬間，再度在暑夏的暈眩陽光裡，努力尋找人生陰影，她覺得，那是可以讓兩個人暫時歇息的地方。

我想著，這是個怎麼樣的人的世界呢？

當成功比失敗還要多時，失敗努力地橫梗在路中央，只容成功閃身經過狹窄路旁；當失敗比成功還要多時，成功卻站在姿勢不穩的失敗頭上，準備讓自己隨時掉下地。

嘴角的心酸日記
有寫實主義的線條
扭動著一點一滴的黑暗
封鎖線裡沈默的喧囂
思想的瘟疫伺機動手動腳
至於綠繡眼和燕子隔空午後交談
為了兩個關鍵字的前途
推擠悲劇最後一幕的淚水
扶著苦澀的人情世故
讓牙齒硬起來發音練習

3 · 誰取代了媽媽？

今天天氣有些陰暗。

一股怪怪的感覺，他處在一種預感裡，「她今天可能不會出現」。會談開始前，有這種感覺的確很奇怪，卻又是極其真實的感覺。這讓時間變成某種怪物，期待它可以走快點，可以印證這種直覺，但又期待時間慢慢走，像鄉村傍晚時圍繞在頭頂的小蚊子，隨手一抓，會是滿滿的一把。

她一路從午茶咖啡店趕來。好久沒碰面的小學同學，竟在超級市場碰到了，相約去喝下午茶，那不是她的習慣，因為她必須省錢度日。她不知道明天要如何過，從小即一直糾纏著這種感覺。她很高興，半年來，終於有人願意聽她說話，說出重覆又重覆的感覺，她不知道是否能夠看見明天的太陽。

他看著手錶，很奇怪吧，何以重覆又重覆看手錶。竟然是以秒針的運作，做為觀察的時間基礎。

我正在思索，何以她在他有事請假一次後，她隨即接著連續兩週都湊巧有事，必須臨時取消會談。就這樣，三個禮拜過去了。

她曾對他說，她一直找不到自己的位置，她再三強調，這是從小就存在的想法。這是惱人的想法，但她說

時帶著一絲絲得意，好像只有她能夠不被那個念頭完全淹沒。

她來時就證明了，她還活著，活得好好的。

半年來，他覺得自己在她面前，一直是使不上力的感覺，她對於自己的困境，已經有了一套可以應付的手法了。但他知道，其實還蠻喜歡聽她說生命的故事，就算重覆又重覆，他每次總有不太一樣的感受。

只是，他的困境是他始終苦惱著，不知如何形容那些感覺。

我也在尋找單字、片語或完整句子，為了讓這麼多想法和感覺可以有個歸宿。如果在傍晚前，讓這些多重複雜的想法找到歸宿的話，我會覺得好過一些。

奇怪，我怎麼覺得應該說，找到文字來說明，就是找到「好」歸宿？

我知道那是我個人的事，與她對他說了什麼，不必然有直接的關係。突然想起，友人在一年前送我的一片光碟，是江蕙在台北小巨蛋現場秀的光碟。記得友人曾說，這是很不容易的事，從那卡西的歌唱人生，到完整節目設計的表演過程，有東西默默改變著。

我是同意的。

雖然他與她跟江蕙都沾不上直接關係，若有的話，是他曾說，他喜歡聽江蕙的歌。

她還沒坐定，即匆忙向他道歉。她表示，還好只遲

到四分鐘，還不到五分鐘。他突然了解，何以他不知不覺地盯著手錶，而且是以秒針的運動為觀察的基礎。她很想進一步說些道歉的話，那些話語似乎都跑掉了，她不知道如何將它們追回來。沈默也許是最好的方式，但她知道沈默絕對不是她原本最想做的事。

畢竟，她可是匆忙趕過來的，當然是有話想說，由她身上的汗水即可證明，要說每句話有多少辛苦。

他鬆了一口氣，他知道這不是很專業的表現，但他不想否認而讓自己變得盲目。他想著，何以她在沈默之後，突然每句話都帶著哀傷，但每個字的邊緣角落，隱藏著莫名的喜悅。

她說，每次，媽媽總是帶他去找爸爸。

他警覺有什麼事要發生了。

我有些了解，何以之前我想著江蕙的演唱會，彷彿那是重大的事件，正在上演中。她繼續說，在她小時候，爸爸常常賭博。好像有什麼正在她心中醞釀。她又說，那時她年紀很小，媽媽總是對她說，爸爸只聽她的話。因此，當媽媽要找爸爸拿錢家用時，總是由她帶路，她帶著媽媽向爸爸拿錢。

她突然沈默許久，超過五分鐘吧。

對於媽媽說，爸爸只聽進她的話，這句話突然讓她覺得很奇怪，以前不曾有這些感覺。此刻，這句話說出口卻突然讓她頭暈，想不出還有什麼話可說。她記得，

在找爸爸的路上，媽媽總是說，爸爸只聽進她的話。

我想著，也許這是她的每句話總是哀傷，每個字卻又充滿驕傲的緣故。

他原想試著直接問她，是否她覺得自己取代了媽媽？但是他把這句話，硬生生吞了下去。他覺得此刻這麼說是過早了，會成為一句冒犯的話語，而不是指出了新的思路。

她說，每次到了那賭場，總是煙霧迷漫，像霧裡看花，興奮的吵雜聲裡，夾雜著江蕙的歌聲。她是多年後年紀比較大了，偶然聽到了「碎心戀」，才知當年賭場播出的是江蕙的歌。

我是驚訝，這段故事何以這樣子冒出來，我必須承認，且謹慎提醒自己，這只是更讓自己不解，而不是更多的了解。

何以她說這故事前，就在剛剛，我腦海裡先浮現著江蕙的歌唱光碟這件事？

我也納悶著，她是很想來找他談話的，她說，還好只遲到四分鐘，而這「四分鐘」與不到「五分鐘」，其實已經濃縮了，每次五十分鐘，前兩次她整整缺席共一百分鐘的力道？

也許這意味著，她其實仍然沒有來，但她的人又確實來了。

氣象報告說，明天仍是陰雨天。

只剩下殘缺的筆跡
敲打著
難以言明的苦楚
所有字首掉落滿地後
再度打起精神
──化裝成多彩的島嶼
掛在枯枝上
等待一個逗點
來搭配沈默的喧囂
扛起早夭的句點
重新定義苦澀的行動藝術

4·什麼是終止這場治療？

　　她還沒坐下來之前，就抱怨著，老天到底怎麼了，竟然跟她作對。

　　一場午後的西北雨。

　　太陽底下的雨水，構成一幅強烈的對比。還好她隨身帶著陽傘，以陽傘擋雨，似乎是一個有趣的說法。

　　她慢慢地整理陽傘，今天有些奇怪，從她快速走入診療室的姿態，進來後，即刻之間，她變得不太急切了。然後，她問他，傘可以放哪裡？他一時之間不清楚，她到底在問什麼？他選擇沈默，他認為處理不知道的事情時，沈默是最好的方式。

　　這是很奇怪的行業，必須面對人類最私密的內心，如何聽，卻有一大堆理論，以互相批判或者相互排斥的姿勢，要讓某種理論可以成為最被思考的內容。他也知道，這是他無法說上話的地方，畢竟，理論是在診療室外的書寫，它永遠無法趕得上，人和人之間難以言說的微妙之處。

　　我也想著，目前這種書寫，到底能夠反映什麼？我到底在寫誰呢？是一個叫做「個案」，另一個叫做「治療者」的人嗎？其實我也不太確定，這種書寫是什麼，到底是收拾農夫收割後掉在地上的稻穗，讓它變成一幅

拾穗圖般的美麗圖像？或者，只是在已經發生的事件背後，再度指指點點，彷彿我什麼都知道？其實，我很懷疑這點，只覺得已經知道的想法，永遠跑不過令人困惑的臨床材料。

她後來表示，之前已經提過，要在三個月後，終止這場治療。然後，她保持沈默，好像在觀察這句話，是否能夠凝固成冰冷的空氣。他深刻記得這句話，只是不了解，何以她今天還沒坐穩位置，隨即以遙遠天邊傳來的語調，傳遞著這種夾著陽光和雨水的命題？

他知道若她要走，誰也留不住，只是直覺上想著，事情不是如此單純，或者更準確地說，他的工作習慣，讓他先保留這種直覺，讓事情有所前進，才有機會回頭看看，之前到底發生了什麼事？

她先打破冷凝的空氣，雖然西北雨不致於降低氣溫。她表示以後可以繼續來門診取藥。然後，繼續沈默，原本要解圍問題的某種話語，卻走向相反功能，變成更是冷凝的藥劑。

我想著，也許他和她都在吶喊吧，期待帶來興奮熱絡的話題，可以自由地表達想法。

她說，其實還可以有很多其它方式，來思考她自己的問題，比如說，畫畫也可以使自己覺得比較舒服啊。她特別強調「啊」這個字，他一直納悶著，怎麼自己好像只記得這個「啊」字。

　　他也想著，自己變成了某種礙手礙腳的存在，只是還不了解是怎麼回事？他提醒自己，還得再等一下，消化一下這種複雜的想法和感覺。尤其是她搬出了畫畫這個話題，她傳遞出固定時間與他談，是比不上她以畫畫來緩解自己的問題。他想著，畫畫這種千百年來存在的藝術，相對於不過發展百年的佛洛伊德以降的作法，如何相互比較呢？

　　我對於繪畫的興趣，容易讓我陷入相互比較裡的不安。因此，我對這種不安與繪畫同樣感到有趣。但是，對她而言，也許不是有趣與否的課題，而是某種彷彿生死交關的生命抉擇。只是這令他感到困惑，何以兩種不同的存在，在那瞬間，卻突然變了不得不做的生命選擇？

　　他還記得，她的雨傘上殘留的雨水，是今天太陽與西北雨交織的成果。

　　對於這個現象，我有些話想說。我想著，在居爾特(Celtic)的古老神話，聖經創世紀裡，諾亞方舟的建造者的孫女凱賽兒(Cesair)與父親，被從諾亞方舟的名單裡剔除，為了躲過大洪水的侵襲，凱賽兒與父親只得建造另一艘船，帶著其他人逃往荒涼的島嶼。

　　我當然還不知道，這個古老傳說在此刻浮現的真正意涵？但我好奇地想著，如果她像是凱賽兒那般，始終覺得自己是個被人拋棄的流浪兒，當她想起要改以繪畫來取代人與人的對話時，隱含著多少悲哀，與不對命運

低頭的骨氣呢？

　　其實，更困難的是，別人的故事永遠是別人的。雖然我們常見到有人將別人的故事，在自己身上演出來……而那通常是我們最不想知道的事情。

　　我努力想將這種複雜性，以文字象徵地傳遞出來，但我也知道，在眼前這種挫折裡，我要如何不讓自己被無力感所淹沒，會是另一個重要的命題，也是能夠了解眼前現況的重要基礎。

一列心腸衰愁的火車
即將駛過無知卻心酸的淚腺
是否結疤的正義裡
有牙齒冷靜開始抗議
還有害羞的臉皮
跟愛情咬耳朵
替一場不曾想過的寂靜
找來舌頭
招呼枝枝節節的恩怨
替假自由的蝴蝶結
撐起一輩子的腰

5．通往黑暗的門

　　這是一條不歸路。

　　她是這麼覺得。他是如此深切期待，任何人和上天能夠給他再來一次的機會。他是如此焦急，反而讓周遭的人更覺得，他並沒有任何改變，如何能夠再給他機會呢？

　　他對她說，今天一進來這裡，就覺得自己好像曝露在毫無遮掩的情境，他再度強調，這是一種被強迫的感覺。

　　她想要替自己解釋些什麼，好讓他可以放輕鬆些，但她隨即打斷了想要說服他的意圖。她知道，此刻做說明是無謂的，只是更增加他的困擾，因為可能會讓他原本想遮掩住的不安，藉由她的語言變得更清晰。

　　他還沒有準備好，要從別人的話裡接收到他自己的不安。他仍不認為自己的不安竟會如此輕易就被別人看到了。

　　我只能暫時在一旁。今天依然有些冷，想著愛爾蘭詩人奚尼(S. Heaney)在《打鐵店(The Forge) 》裡的開頭幾句：

　　　「我知道的只是一扇通往黑暗的門。
　　　　在外頭，老舊的輪軸和鐵環生鏽；

在裡頭，被鎚打的鐵砧緊促的聲響。」

（陳黎和張芬齡合譯）

　　奚尼意圖在具象的想像裡，尋找生命意義的詩句，如何在鍛鍊裡，活出愛爾蘭的意義。

　　他的語詞遮遮掩掩，但他的來臨卻構成了一幅生命的詩篇。她還在思索著，他似乎意圖將她帶入不可知的心理黑暗裡，讓她只能孤單地面對他的挑戰。他說，從小一直沒有安全感，很害怕黑暗。然後沈默，她不了解這是沈默或是沈思，後來她又覺得，她竟需要思辨沈默和沈思的差別，這是件很荒謬的事。

　　但是，這些交集的確是打鐵店裡，「被鎚打的鐵砧緊促的聲響」。

　　她提醒自己，還沒有聽清楚之前，先暫時不做深入的回應。但她卻一直想對他說，既然來這裡了，何必如此畏首畏尾，就放開吧，不然她是無法了解他的。

　　他卻先說了，最近有幾次放空的經驗，她不了解這是何意，問他放空是指什麼？他說，覺得可以放下一切了，解脫的感覺。他說話時，同時也傳遞著很難完全遮掩的不屑和貶抑。

　　我聽到的是「老舊的輪軸和鐵環生鏽」，我也納悶，當他在不滿的情緒裡，不自覺地想要傳遞，他可以拋開一切了，這是他的想像和期待，雖然現場看來，不滿情

緒猶在，和他期待放下一切，兩者之間是有落差的。

　　他想像，她應該可以輕易，不帶任何困惑地了解與接受他。只是他的愁容，很難讓她感受到，那是什麼意義？她因此試圖藉由最簡便的詢問，想了解其中的生命奧秘。

　　我也好奇古老禪宗的話語「空」，如何在普羅大眾的想像裡，發揮著它的潛在功能。我想著老舊、輪軸、鐵環、生鏽、愁容與放空，這絕對是打鐵店裡的重大工程。

　　他說，甚至連是否鎖門，也讓他再三猶豫，雖然不到一秒的時間，他卻覺得人生經歷的多年時間都濃縮在那瞬息萬變裡。他表示很討厭這些猶豫的感覺。

　　她好像承接了，他不喜歡的那種討厭，在她來不及閃躲之前，那種感覺早在他說出那句話前，即已經丟出來了。她不解何以如此？她也意識到，她必須與他對她的不屑與貶抑，保持著某種距離。英國學派的克萊因女士對於這種現象有很深刻的描繪，但她面對他時，還在掙扎著，如何在這些感覺裡，找到思考的出路。

　　這是一條不歸路。

　　我置身一旁，也替自己找到最好的出路，「如何思考？」。在他放出宗教的語言時，不致於因為我們的欠缺深思，而不自主、不自覺地縱身跳入他設置的路障，以致變成讓宗教與我們熟悉的工作語言，先打上一架。

我想到，台灣先民為了灌溉搶水的景象，我們必須先搶到工作的語言，如同搶到水資源嗎？

他離開前再次表示，自己曝露在毫無遮掩的情境。

她卻覺得只看到一片黑暗的門，她能做的，只是站在原地，以免亂闖，造成不可知的困擾。她想著，他應是有開了門，顯示門內的黑暗，和背景的黑暗是相同的暗黑。或者，他根本還沒有開門，這片門本身就是黑暗的化身。她記得，他說，從小一直沒有安全感，很害怕黑暗。原本很熟悉的語言，卻變得模糊了。

後來，當她走出門後，乍見天邊如眉般的月亮，掛在台北101大樓的頂樓。她覺得，今天特別冷。

從舌尖
彎彎走出來的地圖
有曲折的夏天
在街頭
吹奏長管銅號的哀號
沿路尋找便宜的困惑
文字凋萎後的牆垣
如何長出一朵有喉嚨的花
吞下停留在眼鏡片上
人生的迷霧

6·生命的想像

　　她對他說，她後天就要離職了，那是多年的工作，她也參與開創的工作。

　　他是訝異，雖然他也覺得她不是很穩定的人，然而多年來，來診療室這件事，她倒很少請假。

　　我對於這現象充滿好奇。近來，附近出現了一對長尾山娘，後來有人發現了他們的巢。要避免干擾長尾山娘，傳說牠們準備下一代的來臨。但是，我還不曾看見這個傳說中的山娘。

　　他納悶著，一個始終穩定地在某個工作上盡力，也準時參與的人，何以卻讓他覺得，她是一個不穩定的人？倒不是他的感覺是否有錯誤的問題。如果這是她的整個圖像，那麼，這樣矛盾的身影到底在傳遞什麼訊息呢？

　　他表示，這個突然的訊息，彷彿是她要傳遞一個措手不及的決定。

　　她表示，想法已經埋藏在心中很久了，已經很久了，只是不知何故，她一直不敢下決定採取行動。她記得，有一天半夜醒來，突然覺得，是做決定的時候了。雖然那時候，她也一直納悶著，到底是指什麼事呢？這個念頭一直困擾著她，到底什麼事，需要她下決定？

　　不論如何，她做決定的方式，似乎落實了他對她的

想像。這怎麼可能，他也嚇了一跳，難道，她的所爲是在實踐，他對於她的想像。這是不可思議的念頭，他搖搖頭，希望能夠將這個念頭，藉由離心運動，從心中的茫茫大海裡逼至角落。

我彷彿走在濃霧中，努力思索著一些細節，想要在最細微、容易被忽略的地方，找尋可能最有意義的情節。60年代美國民歌手鮑布狄倫在＜隨風飄逝＞（Blowin' in The Wind）裡低吟著，人們在被允許擁有自由之前，他們必須存在多久呢？她突然宣佈要離開多年的工作時，是什麼獲得自由呢？是誰獲得自由？或者，是跳入同樣的窠臼呢？

這是他和她多年一起工作以來，首次外顯的大動作，這令他很困惑，而且還難以從外在世界的現象，做出可以說服自己的結論。

但是他還在追尋，何以自始，他即覺得她是個不穩定的人？她還是以很堅定的態度，陳述著何以她必須離開目前工作的緣由。

她表示，她在尋找熱情，因爲工作多年後，突然生起了死寂的感覺。她覺得，那是很可怕的事，好像魚市場的攤位上，昏暗的燈，照著努力張口呼吸的青花魚。

還有誰，沒看見那對長尾山娘？對於山娘有興趣者，這是他們碰面時的詢問語。

我想著，她的青花魚比喻，是否傳遞著在穩定的生

活裡，有個好奇卻一直擱置在鳥巢裡的想像。她想像自己應是不穩定的流浪者？並且，期待在不穩定裡浪跡，讓自己擺脫死角般的生命想像？

只是難題來了，他企圖以直接的詢問，想要有個方便的答案，她卻只是搖搖頭，表示不了解他的問題。

他知道，如果他爬上樹去看鳥巢裡的神秘，會趕走難得來臨的山娘嬌客。但是，他到底能做什麼呢？奇怪的是，原本是她的困境，反而變成他必須面臨的疑惑。

她說，沒想到在她宣佈離職後，原本待她不錯的同事們，竟然開始傳言，說她是自私的背叛者。她相當生氣，突然提高聲調說話。閃電後，緊接而來的悶雷。

後來，有人傳說，長尾山娘已經有下一代了。

其實，他並不是真的知道，她的同事如何傳說她的背叛，或許同事想挽留她吧。或許，有人如此期待已經相當久了。或許，還有其它更深層的意義，仍然還在蛋裡面，等待撫育者的溫暖，讓那些意義找到出口。

或者，意義會自己找到出口？只是溫暖是什麼呢？

我試著讓自己稍微遠距些，或者稍為冷卻一下。

他是懷疑的，需要溫暖的時候，怎能冷眼相待呢？

我想著，愛爾蘭詩人葉慈的墓碑上，銘刻著他在詩作<在班・布爾本山下>裡的幾句：

「射出冷眼

> 盼生，望死
>
> 路過者，上路吧。」

她仍陳述著，關於同事傳言她是背叛者。

他突然想著，有個傷口掙開自己在說話，他想像，那個傷口就是藏在樹葉中的鳥巢，有些什麼正醞釀著。

他需要等待，或者，他只是個路過者。

暗夜默默吞下
兩條互不往來的街道後
開始心寒
尋找歷史的灰塵裡
街燈忍氣摸索
路人心酸的故事
有失散多年的風風雨雨
自己做主人的糾葛
還有
闖蕩眼神不斷失落的迷霧
有多少溫柔的神學意義

7・内心的風暴

　　輕度颱風剛從台灣東部輕輕切過。

　　很難說它是否有進來，或者算是過門不入。沒有它帶來的風雨，有些地方開始示警，不久後即將開始限水。它的來到，帶來意料之外的傷害。

　　他向她解釋，上週，他何以無法來見她。因為發生了一些事件，使他很挫折，雖然很想來找她談談，但是他那時卻突然害怕起來。某種難以了解且無法命名的原因，使他害怕。那個時候，他只能勉強提醒自己，最好是不要來找她，因為他有股莫名的情緒，擔心會當面語言攻擊她。他覺得她根本不想幫忙他。她也不會給他任何意見。他覺得那時候，最期待的是，有人給他意見和建議。

　　她思索著，也許她的確仍難以給任何具體建議，因為一切依然在五里霧中。她發現自己只能維持著想要多了解的立場，因為她仍感受到，有股很大的力道在牽扯，令他難以說清楚，到底發生了什麼事。

　　我夾在兩股勢均力敵的風向之間，努力睜開眼睛，想要看清什麼。也許這些話語的交換過程，已有輕度颱風從旁掠過，我卻仍未能察覺到它的風向。歌手伍佰的＜飛在風中的小雨＞不時地在腦海裡迴旋，請問什麼是

最初的戀曲。

他說話的方式意味著，今天他再度出現，是因為他已經處理好了自己內心的風暴。今天他只想要將風暴後，某些猶未清理乾淨的落葉，讓她知道。

她感受到這是無言的挑戰，不是試著要將事件說清楚的說話方式。雖然只有幾句話，她也可以感受到，他是多麼節制，不想要將他和她的關係，變成不可挽救的地步。

我感受到的是，他已經處理過的內心風暴。他今天的陳述方式，更像是另一場風暴正在醞釀中，彷彿風雨前的寧靜。

他知道，他和她從來不是什麼戀人，但是他在家中所遭遇到的事件，正以令他措手不及的方式，使他不可抑制地，走向生命的風波。

他說，已經平靜多年的心境，原以為沒事了，前幾天，還很慶幸地跟朋友談及自己的轉變。他曾對朋友說，他很感謝她的協助，使他能夠自由地以自己的方式，來探索自己的困境。他是對自己說話，只見嘴唇呢喃，聲音卻早已消失在遙遠出發的某個地方，不曾從嘴巴裡跑出來。

她覺得他篤定以為，他已經將話語說完了。或者，他的神情與姿勢更像是，他覺得她應該已經了解他了。她覺得無法從他的殘言片語裡，真的了解他是怎麼回事。

她試著想要多了解，請他描述一些細節。

輕輕吹過的風，卻突然轉向，再度襲向本島。

他是盛怒的。他仍在原位，身體姿態並沒有明顯改變，有某種無法化約的空氣分子，散佈著古老時代的深刻風雲。

我看到了，他把人與人的關係，變幻成風風雨雨的方式。我只是一時之間，仍還無法分析出其中的空氣分子。像是輕度颱風從台灣邊緣切過，除了氣象報告的認知外，總也感覺得到天空雲彩與空氣味道的微細變化，這是島上人們累積出來的感受能力吧。

他說，他知道不應該將他的不滿，帶到她面前，甚至難以接受自己竟將這股怒氣，掃到她。他說，他百分百知道，她是想幫忙他的，但不知何故，他從來不曾滿足過，總是覺得，沒有得到她應有的協助。

她再度試著調整自己的心情，風雲變色的緣由，還超乎目前能想像的理由。

我想著，追風者的生涯，在人性的邊緣，思索著走路的方式。

他卻說，那種情緒，早就過去了，像陣風。

我在地上遺留的花瓣間，追尋風向與強度。

她仍然充滿著困惑，加上了更多的不安，當他再度呈現自己的內斂，但是風來之前的種種跡象，已消失在他的自制裡。

　　她必須在他的隻字片語裡，再度回首爬梳先前的種種。在還沒有結論之前，再給自己其它的思考空間。她記得，他有次曾對她說，媽媽總是很忙，像陣風。

　　我想著，目前，他將自己變得像陣風，誰才是那陣風呢？我看著窗外的枯葉，在秋風裡，一路滾動著。

　　此刻，我才猛然驚覺，秋天到了。

希望這不是錯覺
三朵蓮花在舌頭上論戰
已經五十年了
為了一朵早出未歸的愛情
是否屬於自己的朋友兼死黨
大家都安靜了下來
靜靜呼吸
吃飽天空的愁雲
約好時間一起坦白開花
等待另一個五十年
擠兌遲來的浪漫

8·恐慌的某個角落

她抬頭望向遠處的陽明山，想著過去。

不論是愉快或者痛苦，都已像遠遠的山脈，總是在濛濛霧氣中。她表示，自己甚至無法感覺到那是什麼？總算是熬過來了，她卻沒想到，現在又突然變得難以獨自出門，因為那顆在胸膛裡的心臟，難以駕馭。

他更置身迷霧中，愈想要看清楚時，卻被胸膛裡的心臟說法，指向了她本身，這個具有肉體本質的人。他一時之間還不知如何了解，彷彿小說裡遠遠的英國倫敦，總是以霧氣做為起頭。

她對他說，說真的，不知道為什麼這樣子。在唯一兒子剛結婚的當日晚上，她即突然莫名地喘不過氣來，周遭空氣突然變得稀薄了。

我想著，這是她目前的追憶，似水年華的過去。意味著長久以來，她自己走過的生命歷程，原本是豐厚的陳年往事，此刻，卻是稀薄如同高山空氣。或者，她要他試圖掌握生命渺渺的空氣？我也不確定，如果故事只從兒子結婚當晚說起，這意味著什麼呢？也許這是看事情的最簡便方式。或者，談論她自己的方式中，這是最好的開始。也許還有其它不同的事件，圍繞在迷霧中卻又清楚的某些看法裡。

　　他卻是困惑的。他提醒自己，要避免讓自己過於快速地接受她的答案。他對於她形容自己無法「駕馭心臟」的說法，覺得很訝異，但也充滿了好奇之心。他不解，對於她說自己有能力「駕馭心臟」的念頭。何以她在這個說法裡，竟是如此自大！他甚至對自己浮現這個想法，認為她是如此自大，而覺得很抱歉。

　　她說著，目前多麼需要有人協助，以及周遭者的存在，只是讓她覺得自己更孤獨。她強調，不知何以冒出這種感覺。

　　他也是孤單的人，她的說法裡將他踢出了門外。當她形容周遭者的存在只令她更孤獨時，他其實很難區分，她是在形容說話的當刻，或者只是說明來這裡之前的感受。但確是混合在一起，使得他也得面對自己在她面前，所感受到的他自己的孤單，雖然，他仍必須讓自己安穩地坐在那裡。

　　她沈浸在孤單裡，周遭的空氣分子也感受到了，變得氣氛冷凝。她的呼吸，反而平穩了下來。她表示，自己這輩子只知道工作，努力撐起這個家。她突然嘆息，要將積蓄在胸膛裡，多年的氣息以潑墨畫般的方式，渲染在這間房間裡。

　　他確定自己是在迷霧中，雖然之前覺得如此，但此刻是確知自己就在霧中。他納悶著，她在提及家後，卻突然停頓下來，好像這個家所指的，並非只是她和兒子

的家，而是多重意義的家。包括她和父母的家。只是她之前很少提及這些，彷彿她是沒有歷史的人。

我想著，如果她要感嘆的是，自己已將年輕至今的所有心力，都貢獻在她所提及的這個家，這是很明晰的家的印象。但我感受到的卻是複雜的，她並非只是要抱怨，而是某種深沈的吶喊。挪威畫家孟克的「吶喊」，是大家耳熟能詳的印象，似乎有些老生常談了，畢竟她的神情並非如此扭曲。甚至，帶有某種親密的印象。

她並沒有繼續談關於家的話題，突然臉上一股笑意，某種溫馨在臉部肌肉伸展，是模特兒在伸展台上的貓步。她說，她有一個秘密不曾對任何人說過。

然後，她彷彿已不在室內，他也突然感到自己真的是孤單的人，她並非跟他談話，是和某個多年的老友談話，他卻不覺得自己是她的那個老友。他變得更困惑，更想要嘆氣。

她說，想著兒子當年還在吃奶時，咬著她的乳頭，她痛得要大叫。

他不覺得這是她不曾說過的秘密。

我想起多年來，大家一直在猜測，達文西的名畫蒙娜麗莎的微笑。我疑惑著，當她說哺乳的事，是要我們注意她的笑意，或是她的乳房？

突然，她又喘氣，很驚慌的表情，喘息地說，她的心臟再度失去控制了。

　　他覺得自己被逼迫，必須看往她的胸前。他覺得有一層迷霧，再度罩在他和她之間，問題和重點不在胸前，卻被她的喘不過氣而引向胸前。但是他被賦予的唯一工具是，坐在原位，以思考和想像來定位迷霧中的自己。

沒睡飽的白色船帆
吸飽了半邊天的愁雲
有誰知道什麼是孤獨嗎
如果不信邪的浪子想要回頭
站在多愁善感的墨鏡旁邊
裝扮不堪寂寞的表情
夢想生吞
難為情的舌尖硬擠出來
花言巧語兩公升
那麼
枯萎的玫瑰會說什麼話

9・記憶裡的傷口，有尊拉菲爾的聖母像

她向她抱怨。

她說昨天走在路上，一直想著一句話，今天來時想跟她說，卻讓自己不小心被路旁的牆角割傷了右大腿。

她對她的說法覺得很納悶，無法從她的臉色和話語，了解這個傷口是怎麼回事？她感受到一絲絲很細微，很謹慎表達的不滿，好像這個傷心跟她有關。

她說，她可以看看她的傷口。還沒說完話，她即拉起短裙的右側至高處，並指著傷口示意她看她的傷口。

她覺得有些困惑。一時之間不知如何面對，看和不看都很奇怪。她若仔細看，其實是看見更大部分的大腿，她總覺得她今天怪怪的，何以一定要她看她的大腿呢？若不看這道傷口，她會因此變成一位無情的人嗎？會被怪罪怎麼連對傷口都沒有表達關切？

我試圖在看和不看之間，找尋其它的出路。

如果傷口也會開口說話，我假想它會說什麼？大腿內側的傷口，是很容易遮掩的傷口，她並未想要遮蔽它，並以曝露更多身體的方式，讓她自己再度被看見。也許對於她到底期待被看見什麼，我最好先保留。

她還是看了一眼那道傷口。但很快即將眼光挪移至她的臉上，臉部表情也在陳述著相同劇情，她又受傷了，

臉部是無法遮掩卻象徵化的受傷，或者說，在肌肉的紋理之間，臉部呈現表露了某種心理傷痕。

　　她的確感到她故意不看她的傷口。她因此將右側裙擺拉得更高。她繼續說著，昨天，當她看見鮮血流出來時，她突然覺得很放鬆。她說，真的是很奇怪的事，記得以前，只要有個小小傷口，她一定會一直哭一直哭，或者大叫，直到有人出面來處理。

　　我無法確定，她的記憶有多少遺忘或挪轉，但是對於她這道傷口，的確讓我突然變得很謹慎，擔心這道看似淺淺的傷口，可能擁有歷史厚度和深度的層層傷痕。

　　她覺得困擾。一種難以說清楚的困擾。多種想法和情緒交疊的困擾。她覺得，已經沒有必要再多看一眼她的傷口。當她再度拉高裙擺時，她即有了新的明白，這個傷口具有多重意味。

　　對於她的傷口，我發現自己一直重覆浮現，海邊燈塔的意象，或者應該是說，她的大腿是燈塔的基柱，那道傷口是旋乾轉坤的探照燈，指引著來自四方大海的船舶。船舶可能要回家了，有些則是到了中繼站，等待著下個航程的出發。

　　她說，昨天一直想著，如果今天來這裡，會想讓她知道，她其實一直很盼望來看她。她說就因為如此，才讓自己想此事時，不小心在右大腿上刮了這道傷痕。她停了一下，看了她一眼，等待她的回應。後來，她有些

絕望，因此轉移話題，她表示，記得很小時，有一次，她不小心嘔吐，弄髒了衣服，她一直大叫母親來幫忙，她記得自己叫了好久好久。她突然變得沈默，臉色映照著傍晚前已經日落的天空，橙色在淺藍的右上角。

她不解這些變化，何以沈默時，臉色彷彿神聖天然般的色盤。對於她一直拉高裙擺，更像是誘惑，但是大腿上的傷口，同時掙扎著要說些故事。這讓她覺得，她具有拉菲爾風格的聖母形象。

我對於她想像的拉菲爾的聖母形象，感到十分好奇，何以拉菲爾的聖母，變成她的傷口和大腿之間的誘惑？我也納悶著，她的話語總是說了一半，然後即不見蹤影？她的話語是見首不見尾的神龍。

她抱著最後一語的決心，調整臉部的表情成嚴肅神情，以一字強調後一字的口氣，對著她說，「你根本不了解我」。說完這句話後，她恢復原來柔軟肌膚的神情，好像她說完後，同時將這句話語擦掉了。

她趕緊屏住呼吸，整理一下心情，雖然很想儘快了解，她是怎麼回事？但自己的急切，只是讓自己變得不知道怎麼辦？她覺得自己心中油然昇起一股莫名之感，或可暫時命名為孤寂之感，其實自己並不很確定，是否這可以說明清楚自己的處境。

我還在思索著，拉菲爾對於聖母的描繪。我還無法解釋，這與她掀起短裙展示傷口給她看，兩者何關？

虛擬的流星
卻過於認真仔細打包
昨夜酒客剩下的半瓶禮貌
想要活得更真實
堅持帶走別人不撿的寂寞
做為隔天睡前
交換夢想的冷汗裡
從眉心不斷跌落人生的絞辮

10. 容納生命裡的悲哀，

瘋狂的愛爾蘭將你刺傷成詩

　　她對他說，她覺得小時候，媽媽是很喜歡她的。

　　之後她稍沈默，再說一次，她確定媽媽曾經是很喜歡她的。好像不確定他是否聽進去了，也更像在安慰自己，至少曾有一段那種時光。

　　我想起佛洛伊德在討論德國大文豪歌德時，曾提及歌德是從小備受母親喜愛的幸福小孩。

　　他還不了解，她是在描述不曾發生過的想像，或者是她從小就一直存在過的想像。有這些想像，勢必令她高興曾度過快樂的時光吧。只是她的描述方式，讓他變得不確定到底曾經發生什麼事。

　　她說，她不曾知道，自己的悲哀竟是如此深沈。

　　我想起，英國詩人奧登在<哀悼葉慈>一詩中，感嘆「瘋狂的愛爾蘭將你刺傷成詩」。也許葉慈是幸福的，將傷口轉化成美麗的詩篇。

　　她再說，她曾是媽媽最喜歡的小孩。好像有個很需要被撫慰的小孩，畏縮在角落等待著，後來只能以想像，來拼拼貼貼某種曾經擁有，卻找不到字詞的空白。

　　他還不確定她所說的深沈悲哀，她自己有多少的體會，畢竟，說話雖可以表達與溝通，其實更常是傳遞誤

解。他努力保持冷靜，希望讓更多的話語，能夠變成他思考的材料。

此刻，他卻被她三次的聲明所困住了，她的媽媽曾經喜歡她，這到底是什麼意思呢？

他更感到困惑的是，何以一直覺得，自己只是個無用處的聽話者。就如她的聲明那般，宣稱著，她早有自己的命題，也對那些命題有了自己的回答。他更像個局外人，目前的關係是很奇怪，畢竟她是宣稱要來找他協助的。

他努力提醒自己，需要好好觀察這種侷限的感受，也許是條線索，但是他也知道不能只為了解決自己的疑惑，而自行設定命題與答案。

我思索著，到底需要多大的心理容器，可以容納生命裡的悲哀。英國詩人奧登對於愛爾蘭詩人葉慈背負著七百年愛爾蘭創傷史，一生以詩與戲劇呈現自己，是否意味著我們需要的只是詩與戲劇？但是人世間的實情，不是如此簡單。

尤其是，對於她幾度堅定的宣稱，她覺得小時候，媽媽是很喜歡她的。我仍無力宣稱了解她的宣稱，但是她的堅定，應也傳遞著什麼訊息吧。

他覺得，她在此刻需要的是堅定，至於拿什麼做為堅定的基礎，並不是最重要的事。只是當他如是想時，他也不能完全確定，是否確如他自己想像的那般。就這

樣，在某個僵局裡打轉。

她又堅定表示，她已經原諒她的母親了。

這讓他更感困惑，她以何爲名，原諒母親呢？原諒什麼呢？就內在世界而言，是誰原諒誰呢？

他有更多的困惑，可能激起更多的好奇，也可能變成癱瘓或麻痺心志的力量。她在當刻的沈默，更像是某種放棄自己的樣子，彷彿在告訴他，既然已經原諒了最恨意的人了，那還有什麼好再談的呢？

他覺得她在準備要放棄他，或者從另個角度來思索，當她宣稱已經原諒母親時，更意味著她要放棄母親了。

她宣稱母親曾經喜歡她，更像是母親喜歡她的小時候，而不是小時候的她。是否因此使得「原諒」這個詞語，音調轉化成放棄的意涵。意味著當她不再是小時候，既然母親在她小時先「放棄」她，那麼，這時候是她要放棄母親的時候。

我再次困惑故事的轉向，當他覺得她可能要放棄他時，也許他的沈默將變成某種應允，好像她會解讀爲，他因爲她現在是大人了，而要放棄她。

他努力地尋找話語，將目前的局面與情勢，呈現出來再一起思考，是否這是她認定的局面。她後來以更冷靜的語言表示，她的母親在上週過世了。

他的想像再度被打亂了。

她一如往常提醒他，時間到了。

　　這種一如往常，似乎變得有些異常，他想著，也許她母親早就在她心中死亡了。

　　我想著，她的堅定宣稱，母親在她小時候曾經喜歡她，也許是她一直要告訴他，小時候早就不在了，但是大時候，她的大時候，早就是孤獨與冷靜。

　　幾天後，他仍然納悶著，這種大時候，到底有多大呢？而，她宣稱的，小時候，到底，又是多小呢？在這大與小之間，有多少可以容身與轉身的地方？

　　我想著葉慈的愛爾蘭，在七百年裡有多少轉身的空間，而台灣的最近四百年或更早年代，有多少容身之處呢？我知道，這是有些遙遠的想像。

三十年前的一首詩
竟然伸展著迷人腰身
撕下迷路的流水聲
站在明信片的地址旁
呼叫被遺漏的兩個標點符號
趕緊回頭
替那句未說完的話
貼上寂寞的句點
讓心腸能夠放手追逐流星
順路回到現實裡哀愁
培養逗留在喉嚨裡的叛逆

11・身體器官的檢查，

最後一株稻草，會壓垮什麼呢？

二零一零年夏天，我還在想著，愛爾蘭詩人奚尼在〈一九六九・夏〉裡的感嘆。

> 「我退避到普拉多美術館的陰涼中。
>
> 　哥雅的《五月三日的槍殺》
>
> 　掛滿整面牆 ── 反叛者高舉的
>
> 　手臂與痙攣，戴著皮盔
>
> 　與背包的士兵，步槍
>
> 　準確有效的傾斜。」

（陳黎與張芬齡合譯）

他對她說，他一直無法決定，到底，他需要多仔細的全身檢查？這個疑問很深長，帶著長長的尾巴，是一座不銹鋼雕塑成的作品，擺在他和她的中間。

她只能透過不銹鋼傾斜三十度角的鏡面，看著他扭曲變形的臉和眼的奇怪比例。她發覺自己需要花不少力氣，在她的想法裡，重覆又重覆地校正她對他的感受。

我還在想著，奚尼的詩裡「與背包的士兵，步槍／準確有效的傾斜。」

他進一步陳述，覺得全身檢查仍不夠細緻，他需要很仔細的各式檢查，讓自己的每個器官，都能夠被一一檢查過。他一口氣談出這些期待，這些想法在他心中醞釀許久了。

她是挫折的，畢竟他期待的任何身體檢查，都不是她可以幫得上忙。也許他是要以這些話語來打敗她吧，但她覺得又更複雜些。

我思索著，每個身體器官的檢查，是否像是戒嚴時代的監視，他最想做的是，可以不必經過細察，隨即宣判，他所有器官與組職都是罪魁禍首，但是太多的禍首，卻讓他迷失了方向。他始終無法確定，到底誰是禍首？他只能在這個疑問裡打轉，到底需要多麼仔細的身體檢查？

她也覺得，自己早已跟著他，迷失在找尋簡單答案的僵局裡。

甚至，她也感受到，當她順著他的思路走時，發現他是要找出路，但是她卻反而覺得，這是一條死巷。只是她當然要先穩住自己，不能在他的猶豫裡，再順手加上她自己的徬徨。

他說，先前，在某家大醫院的身體檢查，他覺得那個醫院的醫師太沒同情心了，竟然對他說，他的身體檢查結果，一切都正常。他這時很生氣地說，那個醫師竟然叫他可以回家輕鬆睡大頭覺了。他說，那醫師才需要

回家睡大頭覺呢，他覺得自己需要再找另一家大醫院。他需要的是，更能了解他的人。

　　我還在想著，奚尼的詩裡「與背包的士兵，步槍／準確有效的傾斜。」我思索，何以他的每句話，都像是準確傾斜的步槍，他自己扣下板機，不僅對著醫院與醫師，也針對他自己的每個器官。

　　她很想置身於外，以免被個案莫名卻巨大無比的攻擊力道所擊垮。

　　他說，最近覺得肛門口總是怪怪的。他還不確定，她是否願意聽他說肛門的事。他還是決定要說出來，以羞怯的表情，卻更肯定的口氣表示，他覺得自己的肛門一定有問題。他一直無法形容，只覺得就是很怪的感覺。他有些膽怯地表示，他擔心自己的肛門有病。

　　她覺得自己沒有任何基礎，可以對他的陳述有任何的意見，好像這個肛門問題，是很重的最後一株稻草，但是會壓垮什麼呢？她納悶著，何以她突然覺得他的肛門，像是詩中那把傾斜倚靠的槍枝，他卻把它指向她，但也同時指向他自己。

　　我自問，何以他的器官，像索命的追魂者，一直壓迫著他自己，同時讓他對周遭的牽連者，都充滿著怒意。或者說，連他的每個器官，都變得怒意沖沖，例如，大腸隨時準備提槍要幹掉他自己。

　　他的肛門也突然對自己充滿著敵意，反過來，回頭

張口說要吞噬他自己。

　　他還在掙扎，她發現自己，早就被他排泄掉了，雖然她也納悶，不知自己是何時被他吞下去了。她覺得他似乎沒有看見她，她變成了曠野，他對著曠野吶喊，他需要做更細部的檢查。她不知要如何擺佈自己的同情與支持，只好讓自己像是曠野般，卻是無助的漂浮者。

　　她努力讓自己保持著這種狀態，不要被他所吞噬。對於這些，她還不太容易了解的事，她只能提醒自己保持思考，雖然很想認同他、同意他的說法，他的身體的確對他自己充滿了惡意。

　　只是她仍不解，何以他自身的所有器官，都慢慢地變成他的敵人。

左臉頰的紅暈風景裡
埋了一團迷霧
也有鼻側的影子在祈禱
久別的心事依然安好
可以在凹凸不平的嘴角
對著路過的風
說起往事裡被忘記名字的人
埋伏在別人的愛情故事裡
租借複製的人情
有冷暖

12 · 平地裡的波浪，

拍打著不解的心情？

　　不滿的情緒像大海，尤其傍晚漲潮時刻的海浪，拍打著她。她以淡漠眼神，看著他，隨即看向房間另一個最遙遠的角落。也許她想躲在那個角落。她想著，前幾天，她獨自坐在宜蘭的海岸，玩著衝浪板的年輕男女，更讓她覺得不知如何是好。

　　他感覺像是颱風前的微風，天上的雲彩披著一層薄紗，有些笨重，卻又走得輕快。

　　她說，她沒法相信任何人。

　　我想著，人與人之間，了解與被了解的問題。那是今天出門前，突然浮現的困惑。那是多麼輕易地被說著的問題，我們了解誰，或者覺得被誰了解，但我還在試圖捕捉這個疑惑的源頭。

　　她說，整天心情很不好，頭痛、心痛再加上竟然跌倒了。這不是第一次，每次去找醫師，都說沒問題。但是，沒問題又怎會那樣子呢。她不是以疑問的口語做結束，而是在最後一個字的尾音上，繫上了一個六公斤重的啞鈴。

　　他可感受到她傳遞出來的沈重感，以及所混雜的各式情緒。最明顯的是怒氣沖沖，這可能只是最表層的情

緒，至於複雜的各式情緒是什麼，他覺得自己仍需要時
間來沈澱與消化。

她提及，她不滿在三週前，他強迫她去住院，她覺
得自己只是心情不好，並不會眞的傷害自己。她同時抱
怨住院時，醫師根本不想了解她。

他記得，上週她出院後，原本是他們見面的時間，
她因爲再度跌倒，而無法前來與他碰面。他還在等待，
她會如何描述先前的種種。他也同時感受到，有一股仍
難以命名的張力，正逐漸凝聚成形。

我相信，先前，她被建議住院治療，但她覺得是被
強迫住院，在「建議」與「強迫」兩者之間的語言差距，
變成某種相互競爭的張力。困難的是，她很難接受，她
的憤怒如浪潮般，聲勢早在後浪抵達岸邊前，就已傳達
到了耳邊。我想張開雙耳傾聽這些拍打沙灘的浪潮，是
否在傳遞著什麼訊息，來自兒時的，或者來自遙遠天邊
的訊息。

她表示，她什麼也沒有聽見，覺得先前的醫師完全
沒有給她任何她想要的建議。她停頓幾秒鐘，看著他。

他好像突然聽到浪潮的前進與撤退，所融合而成的
聲響。

她繼續說，不過還好，反正她已習慣這種情況了。
她再強調，反正她一直都是這樣孤獨過著自己的日子，
就算沒有任何建議，她依然可以過著她想要過的日子。

我想著，浪潮撤退時，更多的泡沫緩緩地沒入海裡，後一個則正在挺進前行的波浪裡。也許海明威的《老人與海》，早已變成某種陳腔，需要再被重新閱讀，再次被了解。

他是不安的。對於她在描述以前醫師的種種，他很想讓她知道，她是多麼困難地聽到浪潮的前進與撤退，所混合成樂曲般的生命樂章。他甚至想，如果她持續抱怨以前的種種不滿意，或許是他免於被她所淹沒的最好方式。他訝異自己，何以想要置身事外，雖然也明顯感受到，她盯著他看，但說著以前的故事時，早已將故事的主角，透過某種複雜的機制，挪移到他身上。

她說，她很生氣，覺得先前他建議住院，是故意要拋棄她，讓她去陌生的情境受苦，她覺得完全沒有收獲。沈默幾秒鐘。她說，最近又曾不小心跌倒，但是醫師仍說檢查後，沒什麼特別的病因。她以更小的聲音，只說給自己聽，其實她覺得沒什麼問題，她是太想念著某些事，而被地上的不平所絆倒。

他高興最後那微細的說法，那是她幫忙他的某種方式，他可以從容地跳開被她緊緊抓住的感覺。

我想著，她的住院，就像平地起了波浪，使得原來所存在的常軌，遭到了破壞，至今她一直在調適這種變動。跌倒，像是生活常軌的破壞後，她在生活上所做出的回應。

　　但是，她等著他的回應，也許她期待他能夠包容她，讓她可以穩下來。

　　他思索著，何以她的語調像是平地裡生起波浪，好像她是海中一族，卻是困魚之鬥，難道「跌倒」，是準備游泳的姿勢？

　　她欲言又止，因為她不確定，他在想什麼。她想著，之前在宜蘭海岸線時，她對自己說，如果能夠回到母親的肚子裡，那是多麼幸福的事情啊。

一百朵去年春天的花蕊
已經不再有露水
來招呼疲累的清晨
至於一筆一劃寫出來
秘密藏著不心死的青春
被複製超過一百次吶喊後
堅持昨天的淚水裡
一把走味的煙草
還掙扎著不死心的
骨氣

13·和〈熱情馬祖卡〉的獨舞者，

風馬牛不相及？

　　風走後，馬來了，後來，牛也跟著來了。我們常說，風馬牛不相及。或者，風來後，馬走了，而牛也走了。或者，風來後，馬走了，牛卻堅持留下來……

　　他坐下來後，低頭沈默。欲言又止，然後嘆息，好像要將房間裡的什麼完全吸進去。他說需要更多的時間，才能說清楚自己的想法與感覺。然後，沈默。

　　她想著，他的沈默說了更多的事，但是她提醒自己，不要過於急躁，因為她感覺自己，也像被他的嘆氣給完全吸進去。她發覺自己必須出力抵抗些什麼，這讓她變得有些不安。她很快地瞄了一眼，左側白色牆壁上，那幅以黑白為基調，加上幾個黃色筆觸，所構成的紛飛意象。

　　他說，他很難忍受，每次都無法完整說出自己的想法，因此在離開後，總覺得失落了什麼，或者更像是，有什麼東西還留在這裡。他說，這種感覺很困擾他。

　　我想著，什麼風把他吹到這裡呢？

　　她發現那幾筆黃色調的紛飛，勾勒出他的困擾，但是她卻發現黑白色調，所調教出來的世界，已經無法捕風捉影，只能任由那些黃色筆觸，依它的身段舞弄著前

後不著店的漂泊。

　　我想著，如果他的嘆息就像風那般，吹起了某些不安，這些不安就像馬提起尾巴，停下來，是爲了準備著，走向另一個起程。但是，她的漂泊感，卻被牛步般的緩慢給絆住了。我想著，這些風馬牛的關係，也想著碧那‧鮑許在〈熱情馬祖卡〉裡，以系列獨舞，讓身體、姿勢、線條、速度與衝突，牽扯著內心幽微的熱情。

　　他說，他很訝異，爲什麼離開時，總是覺得有什麼東西留在這裡？他說，有次他跟朋友談這些感覺，朋友笑著說，大概他太愛她了。他覺得自己被羞辱了，因此後來即不再與對方聯絡。他說這是幾個月前的事，差點要忘掉這件事了。他突然覺得時間過好久了，而開始不安起來，好像沒什麼話可說的了。

　　我想著，什麼風把他吹到這裡呢？

　　她覺得他露出馬腳的一部分後，隨即思緒也變得牛步化了，甚至，彷彿以沈默的板擦，要擦拭他曾說過的言語，如風般速度。她發現牆壁上那幅畫裡，黃色調的紛飛，演化成紛至沓來的困擾。她想著，這是自己的困擾吧，她無意將這些紛擾，埋進黑白色調。

　　我想著，如果他朋友的開玩笑是陣風，他的遺忘像是剛走不遠的馬又被召喚回來，後來變得無話可說，好像默默工作的牛，在他的田地裡犁過了深深的一道疤痕。我覺得需要再努力思索，才能讓自己的想像不會侷限在

他的沈默裡。也許此刻的沈默，是那道深刻的疤痕，以嘆息方式，張揚著他的受傷。

他說，他真的很痛恨離開這裡後的孤獨感，但是在她面前，他覺得更孤獨。他覺得這些語言像是絆腳石，他很想躺在這扇窗外的草地，等待雲朵後的陽光。或者看書吧，如果累了，他也可以倒下來就睡覺。烏雲突然被某陣風吹走了。他的神情變得放鬆，原本重覆叩著左手背的右食指已經安靜下來了。

我想著，什麼風把他吹到這裡呢？

他說，希望每天可以這樣子。不久，又陷入沈默的深溝，一道難以跨越的鴻溝，再度展開於她的面前。

她覺得自己是有些了解，這是怎麼回事，但是很快又覺得自己的了解，是在脆弱多變的雲彩上。

我想著，他的速度，緩慢，在灰色岩壁的背景前，孤獨地說著話，卻像〈熱情馬祖卡〉的獨舞者，以華麗與速度打開他的宣言。我再度想著，如果風吹散了雲彩，而他重覆叩著手背的動作，如馬奔馳，後來，她的了解，卻只像是站在牛背上的白鷺鷥，隨時準備飛走。這是什麼樣的風馬牛不相及啊。如果有人堅持說，「牛馬風不相及」，會惹來糾正吧。但是「風牛馬不相及」呢？

臨走前，他只是淡淡地說，可能另有其它原因，但不是很確定，只覺得自己就是很煩躁，莫名的煩躁。

她看著牛背上的白鷺鷥，振翅，準備要起飛。

趕赴盛宴的門牙
曾經磨練抽象的人生意義
緊咬著多年來不允許說出口
舌頭上冷笑的故事
孤寂打造口腔堡壘外牆的壁畫
等待月光出現時
動身打開大門
讓故事在來不及後悔前
站出來替自己擦亮
一百朵野百合的白色空虛
說出來後
額頭兩條皺紋高興緊抱
成一條青春了二十年的疤痕

14．全家福照片裡，

嘴角間的秘密吊橋？

　　她對他說，她不知道生活的目標在哪裡。還沒說完最後一個字時，她的兩邊嘴角同時掉了下來，似乎感受到來自心中深處的某個指令。但是，嘴角旁邊的皮膚還在掙扎，想要撐起這個垂落的氣氛。她說，她很討厭她妹妹。

　　他納悶著，怎麼回事呢？怎麼她突然提出妹妹的事，他不曾聽她說過這件事。對於自己會很注意或者說在意，她說話時的嘴角反應，他也很納悶。他有一種奇怪且不太合理的念頭，他總覺得了解她的最佳方式，秘方就存在她的嘴唇和嘴角裡。

　　她說，她不確定是否要回去老家一趟，下週是母親的生日，妹妹竟然規定她一定要回去幫母親辦慶生晚宴。她的嘴唇緊閉，將一些字詞封鎖禁閉在嘴巴裡，但是這些字詞還心不甘、情不願被關閉在黑暗嘴巴裡。

　　我覺得緊閉的嘴唇，有條細絲橫越在兩邊嘴角之間，是兩座山間的吊橋。或者很像蛛絲馬跡，我停留在蛛絲馬跡這個詞語上，心想著，這是從她的嘴巴裡洩露出來的意思嗎？

　　他想著，她、妹妹和媽媽是三個女人的議題，男人

都被放在一旁了，但是她是對著他，一個男人，說話，
除非她的潛在想法不將他當作男人，不然她對著男人談
論三個女人的戰爭，這是什麼意涵呢？他覺得自己有不
想被捲入漩渦的感覺。

　　她說很不喜歡生日的儀式，尤其是每次要照全家福
照片時，她總是在最後才被家人硬拉進去。她記得，每
次大家一起看，不同年代的全家福時，妹妹都批評她總
是緊閉嘴唇，一直在生氣的樣子。說到這裡，她突然變
得很生氣，她說在照相時，她一點也不生氣，只覺得那
是很無聊的事。

　　我想著先前提過的吊橋意象，最簡易的想法是，吊
橋具有兩座山間的溝通和聯絡的意味。她的兩邊嘴角是
兩座山嗎？如果嘴角是一座山，她對妹妹的生氣與不滿，
讓這兩座山變得像活火山，隨時準備在不經意之間，掀
起狂風。只是我仍不解的是，兩座火山之間，何以需要
建構吊橋？但我也同時懷疑起自己的想法，覺得這是很
無聊的想像。

　　她說，她覺得母親被妹妹佔走了，每次全家福照相
時，妹妹總是佔據著明顯位置，這讓她更生氣。妹妹與
母親總是責怪她太無聊了，才會那麼愛計較，那麼愛生
氣。她總想說服她們，她沒有那麼生氣，但她們一再指
出，她的表情就是一付生氣的樣子，最後讓她更生氣。
她將低氣壓引進這個房間。

他似乎多了一些了解，何以她對妹妹有那些複雜的感受，他馬上修正自己的想法，其實她對妹妹的感受並不複雜，是很簡單的一式反應。在房間裡的氣氛不是低氣壓，是塞滿了火山灰泥，這讓他無所遁逃，雖然他原本想逃開她所陳述的故事。他突然好奇，那麼，在她的故事裡，他是什麼角色呢？因為他還無法在她的三個女人的爭戰故事裡，找到他自己的位置。

她說，她真的很不想回家。她卻突然坐得更直挺，好像必須挺住什麼，以免她自己被打敗。她說很不喜歡這種不自由的感覺，她說她只想好好做自己啊。

他覺得她好像在控訴他，覺得他沒有讓她更自由，可能是因為他一直想逃離這種場景吧。

她說他一直不肯伸手幫她的忙，她不知道他保持沈默是怎麼回事，但是她可是很辛苦地支開不少事情，才能來找他的啊。

他很想替自己辯解。

我想著她的緊閉嘴唇裡，還沒有說出來的可能是什麼？如果嘴唇間的細縫像座吊橋，她心中的情緒糾葛與身體的抖動反應，如同這座吊橋在兩山間被風暴搖晃著，另有三個女人正在吊橋上，抓著旁邊的鐵纜線，想要從右邊走到左邊，她們都緊閉著嘴巴。

他想替自己找到出路。當他被夾在她的故事裡，他覺得難以想像，她的嘴唇裡，未言明的人與人之間的困

境。他很想替自己辯解。但是，當要開口說話時，他卻選擇緊閉自己的嘴唇。

　　我想著一群人在強風的山谷裡，一個接著一個，全身緊繃，準備從吊橋的右邊走到左側。

一個眼神默默咀嚼
轉彎了七十年的抽象線條
在左肩後的十字路口
發佈和古老明信片單調的戀情
吐露弱勢者的吶喊
在尾音被捲進引擎聲前
和浪子交換五公斤的落寞

15 · 她想做自己，
卻使她愈來愈像她所痛恨的母親？

　　後來，她對她說唯有拒絕模仿別人，她才能找到自己。她繼續表示，這一輩子至今，她始終提醒自己要這麼做。但是每當她看見母親的怨天尤人，她即無法忍受。她始終不曾直接說出對母親的不滿。

　　她想著她的話語，似乎她已經做到了自覺能夠盡的職責，但這只是令她想著，何以面前這位一直要做自己的人，卻不斷地陷入困境。她無法完全理解，她的言談裡所呈現的困難，到底是指什麼？她依然困惑，她的每個字的行間，充塞著對母親的抱怨，她甚至覺得那與她生氣母親的怨天尤人，兩者之間是很接近的生活方式。

　　她說，她一直在拒絕，至今仍如此，這讓她愈來愈孤單，有時候，甚至不知自己在拒絕什麼？

　　我想著，愛爾蘭小說家喬伊斯遠離家鄉，一直在外流浪，他到底如何克服這種孤單感呢？或許是因為他的創作生涯與書的想像，讓他得以忍受孤單，同時讓祖國愛爾蘭，始終不曾離開過他的心中。他的文字，的確讓愛爾蘭變得更被世人所知。

　　她想著，她不能否認的是，她一直用言語攻擊她，有時甚至只是一個字不順她意，她即風一樣翻過她的額

頭，以繃緊的紋路占據要塞，好像要將她絞碎在這些紋
路裡。她記得有一次，她進來後，還未完全坐定，隨即
要求她應該也要說些話，而不是每次都由她唱獨角戲。

她說，她覺得她的沈默是在訕笑她的挫折。房間的
冷靜，掛在右邊牆壁上，一幅以紅與白為主色調的玫瑰
花靜物畫。她似乎更不滿，對於她的沈默與冷靜。她在
追尋著，那條曖昧不清的玫瑰葉脈，雖然看不清楚，但
她仍隨著這種模糊，憤怒地再度責怪她的沈默。

她保持沈默，想著，坐在面前的她以言語攻擊她時，
沈默似乎是清楚的脈絡，讓她想到她想要找到自己，而
且以她自己的方式尋找。但是，沒有人回應她時，卻使
她突然變得失去了生活的方向，難以維持她對自己的期
待。沈默與沒有人回應她，變成了兩件不同的事。

我想著，喬伊斯雖不在愛爾蘭，他的筆卻不曾保持
沈默。如果愛爾蘭是他的母親，他的《都柏林人》卻是
在訕笑他的都柏林人。他以他的誠實，面對他記憶中的母
親，也以筆觸判定他想像中的愛與恨。

她想著，自己忍受著她的言語攻擊，這有何意義嗎？
她感到納悶，何以在她面前，這位掙扎做自己的人，卻
一直身處在某種莫名的風暴裡？她愈想出力做自己，卻
看見自己離自己愈來愈遠。甚至自己也愈來愈納悶，她
的言語攻擊她，到底是意味著什麼呢？

她說，很痛恨自怨自艾的母親。但是每當看見母親

時，又覺得她很可憐，她一直納悶，她怎會有這樣的母親呢？她說，每次看見母親的無辜表情，總是令她痛恨至極。她的額頭紋路又開始發威，要吞下路過的所有情緒，更像數尾青竹絲蛇，掛在已經枯萎的絲瓜棚架上。

我想著，她對她的憤怒，有多少可能的解釋模式呢？她對母親的自怨自艾，感到很不滿，也反映在她對於她的態度裡，她的沈默更像是沒人理會她的感覺。何以喬伊斯對愛爾蘭的愛與恨，能夠在他的文字裡，鮮活地消化他的愛與恨？但是她想要做自己，卻使她愈來愈像她所痛恨的母親呢？

她想著，每當她必須吞下她的言語攻擊時，她只覺得她好像將她當成父親，那個一直不在她話題裡的父親。但她不確定是否只是如此，她也必須消化她對她的複雜感受，這是一場無法做任何自由選擇的戲碼。

她說，這是一場無法做選擇的人生，她一直無法理解，怎麼母親是那樣子呢？怎麼可以不理會她呢？她的困惑暫時蓋過了憤憤不平。青竹絲已經再度藏身在棚架的某個地方，只留下收割後的枯萎氣息。

我想著，喬伊斯在〈賽車之後〉的結尾，在一束秋色的晨光中，有人喊著：「各位先生，天亮了！」但是她枯萎的眼神，在失去憤怒的舞台後，變得不知何去何從。

額頭是最忙碌的守夜人
隨時冥想圍城角落裡
深沈的一盞路燈披著月光
糾纏多情卻漂泊的夢
利用咳嗽和咳嗽之間
硬擠出
枯萎的人生
在春天死去又活來
沿著田間的溝渠
尋覓迷路的一朵野百合

16 · 某種不安，

他的媽媽在某個角落隱隱作祟？

　　他還深刻記得，窗外濛濛細雨，讓窗玻璃顯得更模糊。

　　他對她說，反正他就是很討厭女上司，無論她做什麼，他就是覺得很不順眼。他強調自己很自制了，不想讓同事覺得他只是不服氣女人。他說，是不服氣，但他覺得事情不是簡化版的男女戰爭。

　　她至今仍未感受到他會對她不服氣，反而是，每當她說些什麼時，他似乎把她的話語，當作聖經般侍候。這反而讓她覺得，自己要更謹慎呈現自己的想法。

　　這似乎讓他和她之間，陷於某種不安，在某個角落隱隱作祟。

　　他已經無數次描述，小時候，那扇永遠帶著水氣的窗玻璃。他說，他一直帶著期盼，想要看清楚窗外有什麼，那是他來找她的原因。他對她說，前天參加妹妹的婚禮，一些親戚總是不時問他，何時要結婚？他們總是加重語氣表示，他們迫不急待想要參加他的婚禮。

　　她看著他，他的表情是帶著生氣的，或者說，仍帶著前天現場的氣氛，原封不動，等待有人去撕開它的封條。這很令人好奇，何以他要對她說這些。

　　我想著，如果她覺得他的某些情緒，就像是原封不動的盒子，等待著某人去掀開，這是某種誘惑，或是轉移困境的某種方式？我覺得這些緒情，仍是難以掌握的風雲，如果想要捕捉什麼，也許會遺漏更多。這是令人困擾的想法。

　　他對她說，他一直是努力睜開眼睛，想要看清楚外頭的世界。

　　她顯得有些不安，好像她正被透視，她想要避開。

　　他說，窗外總是那種藍色，混著泥灰的藍色，他以前在尋找那種藍色的名稱。他說，他很想說，那是很漂亮的色調，但始終說不出口。

　　她更加不安了。怎麼那麼湊巧，她今天穿的上衣，也是藍色系。她想著，是否他是當場在描述對她的感覺，而不是他當年的感受？

　　我想著，如果他想要捕捉什麼心情，的確得透過他對她的感受，但是這種想法顯得太違背一般的常識了。但是我並沒有要妥協，雖然我也帶著不安，不是很了解到底是怎麼回事？我是看到了水氣，而他看著窗外的藍色。

　　他對她說，他記得自己總是難以成眠，他馬上校正自己的說法，覺得應該說是他根本不想睡著。他描述自己，睜著眼睛，坐在竹片編織成的椅子上。他強調，那是老舊的椅子，只要他動一下身體，隨即會喀喀作響。

他還說，他不曾看過自己的父親，從小和母親相依為命。他的神情似乎轉為自憐，掛在沈重時鐘的秒針上，趕著就要去什麼地方。

我想著，他其實一直沒有動。也許秒針上掛著他的童年，是他的童年隨著秒針一直在轉動著，而他在原地不動。

她很想多了解他的父親是怎麼了，但是她覺得，他更想讓她知道的是，他和母親相依為命的往事。

之前，他也常提及此事，但是以前總是帶著對母親的恨意。這使她變得很難思考，好像被他逼得，她只能照單接收，他的故事裡所有的沈重。她覺得今天他的說法裡，在語氣之間，似乎留下一些空間。

我想著，秒針忙碌轉動著他的故事和心情，但是時針的緩慢步調，也許正好能夠讓她有空檔，思索他到底要告訴她什麼？

他對她說，母親在他小時常常沒有回家，他只好坐在客廳沙發椅上，他要等媽媽回家。印象裡，那種時候，他整晚都不曾闔眼。他對她說，他要等媽媽回家。他的態度很堅定，手勢也同時加強堅定感。

她覺得他的態度好像要喚回童年記憶，但更像反映著，他不確定當年到底發生了什麼事？他說，他確定自己整晚都不曾闔眼，他一定要等媽媽回家，再去睡覺。

我想著，或許，此刻，他潛在地不想要離開這房間，

他想要睜開眼睛，看著她。

　　他低著頭，要避開自己看到什麼似的。他說，他都沒有吵鬧。好像是對自己說，不是對她說話，或者說，對母親說話。母親在去年過世了。他說，沒有吵鬧，他一直在等媽媽。他還清楚記得，早上的窗外，總是濛濛細雨，天空總是藍色帶著灰泥色攪和在一起。

　　他說，他很不滿她，何以她一直不告訴他，怎樣才能忘掉那種藍色加上灰泥的色調。他說，他一直想忘掉那種色調。

　　他最後補充說，媽媽過世前，曾經跟他道歉。那時，他卻說不出話......，到現在，他不知道自己是否原諒母親了？

一百朵花報名春天後
為了惡夢裡的傳說
苦苦替沒有名字的不安
培養去年冬天留在角落的月色
委屈成卡夫卡的一隻蟲
讓苦澀的懷念
披上隱隱作痛
過期的青春

17·臉部皮膚紋路的抽象表現主義？

　　她對他說，公司最近新進了一位小妹，打扮得很像男孩。她形容這女孩一副不理任何人的樣子，很酷。

　　他不理解，何以她對他說這件事時，顯得特別興奮，連右臉頰難得露出的小酒渦，竟也出現了小漣漪。多年來，他幾乎淹沒在她的身體不舒服裡，但最近她少提及身體不舒服，似乎不再那麼擔心，身體會出什麼狀況了。他倒是很好奇何以自己對於她臉頰的皮膚細紋，有股難以說清楚的感覺，應該是說，他覺得她臉頰的皮膚細紋，都在替底下繃緊的肌肉說些什麼似的。

　　她說，那小妹根本不理任何人。她說這話後，乍然停頓了下來，眉頭之間的紋路，打了幾個納悶的結。她突然出現了笑容，從兩邊的眼角串起了難得的得意，但她不想讓別人看到她的內心，她對他說，那小妹根本就是我行我素，誰也管不了她。

　　我想著，她特別強調那位小妹的我行我素，雖然什麼是我行我素，她並未明說，也許對她而言，她也不必或者根本沒想到，有需要說明何謂我行我素。這些未被她明說，卻顯現在她的興奮手勢與語氣裡。

　　他只感覺到，她對那小妹的出現，有種說不出來的熟悉感，以前是抱怨會突然喘不氣來，心臟彷彿要跳出

胸坎，她一直要排除這些身體反應。當她形容那位小妹時的興奮狀，呼吸很急促。但他納悶，她以前抱怨類似的身體反應，此時她卻有完全不同的反應態度。他感受到類似的是，有一股莫名不安在燃燒著。

她對他說，她從小就很討厭母親，覺得母親根本沒有盡到她該盡的責任。

他不解，何以提到令她手足舞蹈的小妹後，卻又提及令她討厭的母親，這情緒的落差，是相同的反應，或是相反的反應呢？他直覺，很有可能是相同的反應，好像在這中間還有一個複雜機器，對來自深層某處的相同材料，吞吐出不同的反應？

我猜想，是否她很想我行我素，結果反而是身體能夠我行我素地表現自己，她對於這些反應的呈現卻是如此曲折。她秘密地假想那小妹是想像中的自己。

她對他說，母親很我行我素，是個很不負責任的人。她沈默著，要舉個例子來證明自己的話語，或者她被自己突然蹦出的話語嚇著了，沈默著。只是瞬間而已，她很快地表示，她了解母親當年的苦境，覺得自己必須原諒母親。但她的臉部卻繃得更緊，臉頰的皮膚紋路顯得更糾結，每條紋路都被自己絞在一起，而失去了出路。

他覺得這些話，不像是要告訴他的話。話的對象是她自己，是她提醒自己的話。

我還在思索，她的臉部肌肉若鬆懈了下來，那些被

糾結而找不到出路的皮膚細紋，是否會一條接一條地接通了？很奇怪的念頭，但我仍然好奇這是怎麼回事？

她的話題又再度回到那位小妹的身上。她對他說，覺得工作突然變得有趣了，原本是重覆又重覆在一堆數字裡尋找問題，但是那位小妹來了後，這些數字與數字之間的空間似乎也變得大了。

他發現，她在這種興奮狀態時，臉部肌肉鬆懈，皮膚細紋突然現出了清楚的出路。

她又說，她應該原諒母親，她必須做到這點。興奮的氣氛又再度流回沈滯。

我想著，畢竟依她的說法，她平時過的日子不是如此，她的大部分日子是在孤寂裡度過，每天都是緊繃的感覺，不知要如何度過明天。這是何種意涵呢？這是誰要原諒誰呢？或者是，誰需要替這些找不到出路的皮膚紋路，指點明路呢？

她再度興奮地說，有次，她故意管那小妹午餐要吃什麼，小妹竟然回應說，「你又不是我男朋友，幹嘛管那麼多。」她強調她是故意這麼做的。更大的困惑是，她失控地大聲對他說，小妹怎麼不是說，「你又不是我媽媽，幹嘛管那麼多？」她重覆表示她的納悶，那小妹怎麼不這麼說呢？

我想著阿希爾·高爾基在《婚約（The Betrothal）》裡的具體線條，有人說那是抽象表現主義。我也想著，

對她來說，當媽媽和當男友，何者才是具體出路呢？

三年前的明信片
每天在自己的角落練習肺活量
為了替喉嚨裡逗留的迷霧
尋找吶喊的美麗標本
曾在一場哀傷的寓言裡飛揚
守住被拋棄在街頭的熱情
緊緊貼在長久漂流的眼神裡

18 · 眼中的陽光和心中的陰影

　　她知道，有些遲到了，因此加緊腳步，卻被陽光照在這棟建築的光線所吸引，駐足了一會兒。她以為只是一會兒，但一下子，就一刻鐘過去了。她對他說，冬天的陽光特別吸引她，陽光是最美麗的東西。她說，已經很久了吧，不曾這樣靜下來，看著陽光照在這棟建築。

　　他還不是很確定，她的遲到是否另有他因，當她提及陽光時，他也感受到，她傳遞出來的溫暖和寧靜。他想著，這是近幾個月以來，少有的氣氛，是在陰霾裡努力要掙扎出來吧。或者，她擔心他無法忍受長期的陰霾氣氛。

　　她對他說，她要被心中的陰影所併吞了，每天只覺得，不知何以要如此忙碌，做愈多事，反而覺得空洞愈巨大。她似乎需要停一下，來揮開某種沈重的負荷，才能讓自己再說下去。她說，這種空洞真像是某種貪戀，輕易地讓她束手就擒。她停了下來，彷彿思索著某種不了解。她說，看著他，她不知何以這麼說，她不了解這句話的意義。

　　我思索著，是什麼擋住她面前的陽光，就算冬天，也有陽光的時候。當她以被陽光吸引而遲到時，是要將她的心打開，或者是等待著，另一場冬天寒流的侵襲？

況且如果她貪戀空洞和陰影，何以她辛苦地來找他呢？
她覺得他要提供陽光，或者要從他身上尋求陰影呢？這
些疑問更像是某種陰影，罩在我的思考網絡上。

　　她對他說，她幾乎被陽光困住了，只覺得好美麗，
新的日子即將要出現了。沈默時，她的笑容隨即消失了，
頭愈來愈低，好像要以沈默，打開什麼僵局。有幾分鐘，
她一直如此，眉頭變得深鎖，彷彿已將某個重大想法，
保管好了。她說，只覺得目前所做的，和原來對於生命
的期待，愈來愈遙遠了。

　　他想著，如果有人說放出去的風箏是什麼樣子，他
覺得就像是在他面前的她，把自己變成了風箏，要將那
條掌握的線頭，放在他手中。他的第一個反應，卻是不
想接下這種重擔。

　　她說，這裡很舒適，很平靜，她喜歡這種感覺。

　　他發現自己的手指繃緊了些，要抓住什麼，怕會從
指縫之間流失。

　　我仍想著，當她提及進入房間前，陽光所帶來的溫
暖，是否意味著她對他的期待，熱情且明亮的歡迎，但
是她心中的陰影，似乎馬上隨之而擴展。或者，以陽光
和陰影對立二分法，並非打開心中窗戶的方式，而是讓
她自己在二選一裡起起伏伏？或者讓眉頭深鎖，同時鎖
住了，深藏在內心深處的孤獨？

　　她對他說，很喜歡今天的寧靜氣氛，如果有人要跟

她交換什麼，她會將這種寧靜氣氛，當作最寶貴的東西，不願以此做為交換。

他更困惑了，對於她這種以否定方式，來陳述的肯定命題。她似乎看見了他的困惑，緊接又說，自己離自己愈來愈遠了，她的理想已逐漸離開自己而去。她說，剛剛的陽光讓她嚇一跳，怎麼這裡有這麼美的陽光。

我想著，肯定句和否定句的用法，以及陽光和陰影的比喻，很難不思考，她的說法有幾分在彰顯想法，或者遮掩想法。也許，她的孤獨一直在張牙舞爪，使得陽光和陰影，被撕裂成相互重疊且相互融合的東西。

她對他說，要遠行了，會一陣子無法再來找他了。

他被這個說法嚇一跳，怎麼一下子變成這種局面。

她說，不知是否自己在逃避什麼，只覺得目前的情境就像她的生活，東捉西扯，總是不著任何邊際。

他想著，混雜著陽光和陰影的她，是一場難以捕捉的風。他一時之間，找不出什麼話語來形容這種感覺。

我想著，陽光出現時，她就會馬上塗抹上陰影。

她對他說，真的不知以後要做什麼。她的神情顯得很淡然，不在乎自己正在說什麼。

他想著，她可能還不知道，她的遠行並非如她所言，有什麼未來目標要完成，而是先破壞目前的存在方式。

她說，她知道，逃避，無法解決任何事情。

她正以板擦，抹掉她剛剛才說過的話。

走過三十年的長路
一段文字坐在長椅上喘息
等待路人詢問往事
當年的那棵茄冬樹是否還會結子
　　　　　　　　　　另
不遠處的一叢花言巧語
是否還在向鄉人販售
擦拭留在第五個字上的汗水
代替看不清方向的淚水

19. 恨意和小雞雞之間，

是什麼魔鬼的交易？

　　後來，他繼續說，不知怎麼回事，怎麼會發生這種事情呢？人該如何對待別人呢？但是他又覺得這個問題太困擾自己了，每次要想像這類型的大命題時，反而讓他變得很困難做任何思考。

　　他是對著她說話，對著比他年輕的她，他的感覺是複雜的，甚至比他當年因為言論問題而被關在監獄裡，還要更複雜。她還無法了解，何以這些如此重要的生命課題，也是讓他當年受苦的源頭，卻是他目前覺得自己難以思考的課題呢？

　　他對她說，他看透了人生這回事了，但是又總有個空洞，存在心中的某個地方，甚至他有這個想法，自己也覺得愈來愈困擾。他停了下來，好像在思索什麼。他再說，畢竟，後來，他算是成功的，尤其在工作與人際互動上，他覺得自己已經忘記當年的恨意了。他很高興自己的成就，他繼續表示，他甚至一直認為，不再記恨是多麼偉大的美德，至少在社會上都還是如此想。

　　我沈浸在一股不解的氣氛裡，但不那麼確定是什麼，好像我也受了他的影響。或者我已不知不覺地跳入那個空洞裡了。我對於他提及的，已遺忘了當年的恨意，更

讓我跌入空洞吧？我覺得很難被他說服，但我是否被說服，是我自己的問題，與他可說是沒有什麼關係啊。

　　她試著想像，難道她自己的困惑，是因為她已被他關入了他心裡牢籠裡？她甚至覺得這個想法很怪異，因為只要再細想一下自己的狀態，她覺得與他的關係是很輕鬆的，他歷經人生的風霜，也是容易相處的人。

　　他對她說，有一天，他為了一筆生意，路過當年被審判的過程裡，某個曾短暫待過的地方。他突然沈默了。她很想問些什麼，但她在開口之前，突然覺得他的沈默有什麼要說，就又閉起嘴巴。

　　她覺得自己太唐突了，雖然自己其實一直是被動的聆聽者。

　　他說，當時他覺得很淡然，只是他突然知道，問題不是他原先所想的那麼簡單，因為他開車經過那裡時，他差點發生車禍，他的身體那時候突然間好像癱瘓了。他說這些時，好像是自言自語。

　　她很想擠入他的世界，很期待再聽到他進一步說說是怎麼回事。

　　我的好奇也是隻寧靜等待的貓，想著他與她之間，到底有什麼在進行著，而不是兩人都不想去看到的某些場景。我想著，如果那個審判地點，是在他與人有約要洽談生意的路程中，難道他覺得已不再記恨過去，是某種交易嗎？只是這場內心的交易，是以什麼來交換什麼

呢？誰是這場交易的主角與配角呢？

他對她說，他也被身體好像突然癱瘓，差點車禍的事給嚇著了，後來他去了家大醫院全身檢查，他還記得醫師開玩笑地對他說，他真的沒有什麼病。他覺得那醫師的笑是在嘲諷他，因此又去另一家醫院再全身檢查，這位醫師很嚴肅的對他說，他的身體仍像年輕小伙子。他對她說，這只是讓他覺得無話可說吧！

她想著，他所說的「無話可說」，是指他仍然不相信那兩位醫師的意見？這讓她真的必須好好思索，他有可能會相信她的意見嗎？但是在這之前，她依然覺得他是個很好相處的人，也是相信她的意見的人，但是對於因身體而引發的課題，突然挑動了互信的基礎。

當我還困惑於內心世界的交易課題時，原本想到德國大文豪歌德在名著《浮士德》裡，浮士德與魔鬼交易的情節，但是我並未清晰了解這真的有什麼關係，或者，關係是很間接且輾轉的，因此我先放棄這個想法。我想著，難道他以為自己早已沒有任何記恨，這個想法才是《浮士德》裡的魔鬼嗎？雖然似乎整個社會都強調，不記恨是種良善的道德。何以這種不記恨的良善道德，會是我想像裡的魔鬼？

沈默之後，他依然不語。

她想著，也許他仍然不滿意什麼，只是他更希望自己是個曾經風浪，能夠原諒任何人與事的人。

　　沈默之後，他帶著高傲的微笑，雖然高傲與微笑，是兩種很難合併一起的現象。他對她說，當初（他又沈默了下來），在牢裡，好幾個月之後，有一天晨起刷牙時，他突然發現，自己的小雞雞，竟然是挺直的。雖然是大人了，說陽具是小雞雞，是有些奇怪，但是他是這麼說......

　　我想著，恨意和小雞雞之間，是什麼魔鬼的交易？

肩膀上坐著兩顆流星

談天說地

互相交換流失的多愁善感

佔滿兩篇完整版的心靈風波

遙望著漂泊的暗巷

一本書跛腳從巷底走出

三行黑暗的文字

走著彎曲避著街燈的步伐

20・淚水讓故事活下去的某種方式？

　　她對他說，終於完成彩排的工作。她顯得很輕鬆狀，表示她遇見不少朋友，大家也都談得來，這讓她很快樂。她說，只是一切都變了，就在她回家後不久，媽媽來的一通電話。

　　他不解，如果後來的一通電話，足以讓她改變所有的心情，何以她起先在說那些快樂的事時，並未明顯沾染這些後來的不愉快，這些都是發生在她來之前的事件啊。

　　她繼續對他說，媽媽的一通電話，讓一切都變了。她顯得更憤怒。她的身體往後坐，癱軟了般，身體已經接受了這場挫折，但是她的口氣仍然堅硬，她說，媽媽就是那樣子，迫不及待地，要從她這裡挖走所有的錢。

　　我想著，這是另一場常見的人生戲碼，但是我的確好奇，何以她帶著所有的故事來，不同的故事已包裝在不同的包裹裡，一個打開後，再打開另一個。她起先談論得意事件時，彷彿令她苦惱的媽媽事件，根本還沒有發生。

　　她對他說，事情比現在能說的，還要更嚴重。她陷於沈思中。身體仍然如癱瘓般，述說著一切的無奈。她仍然充滿了不服氣，不願意馬上倒下去的表情。

　　她的臉，撐住了自己，還要另一場勝利；但是身體，卻早就接受了失敗。

　　他想著，有人笑說所謂「歌劇」是指，在死亡前，還能唱完一首歌的意思，而且要完整地唱完這首歌。他覺得這現象讓他有些了解，死亡前唱歌的戲碼，似乎並非毫無緣由。但他馬上覺得，自己必須克制這種聯想，畢竟這讓他遠離正在受苦的她。或許是覺得，她除了嘴巴還活著，連眼睛也沒有任何淚水，好像生命之泉，也遠離了她那漂亮的雙眼。

　　她對他說，朋友後來告訴她，她又跑去鄰居那裡大吼大叫，但她完全沒有印象，雖然朋友告訴她後，她努力回想，只記得她憤怒地掛了媽媽的電話，隨即跑出房間。她只想遠離那個有電話的地方。她的神情仍是逞強的，好像這些事不應發生在她身上，她必須以生氣的表情，將這些妖魔鬼怪趕離。

　　我想著，她那誘惑人的身體，何以竟是她最無力的部分，以癱瘓姿態跌坐椅子上，而嘴唇稍稍上揚的神情，不但是誘惑的來源，也是她得以自己找到出路的出口。雖然她的眼睛睜得很大，卻更像是不想看到任何東西。

　　她又回到今天剛開始時的樣子。她對著他說，她的朋友真的很夠義氣，一直幫助她。但又很快地墜入深谷，她說真的很氣媽媽，真想將家中的電話線拔掉。

　　他想著，這麼容易的方法，反而變成是最困難的作

法，她已經不只一次這麼說，起初他還想要說些話嘲笑她，但始終忍受著。

她說，她甚至知道，某通電話就一定是媽媽的來電，雖然媽媽總是不定時來電，她就是知道哪一通電話是來自媽媽。

我被她的堅定給迷惑了，何以她如此堅定相信，她可以掌握媽媽的作為，與哪一通電話就是媽媽的來電？

她對他說，朋友說她對著某位鄰居咆哮，她已經不只一次對那人這麼做了，雖然和對方在平時幾乎沒有任何來往，但是她就是想找對方吵架。

他想著，她到底想要從他這裡得到什麼呢？來這裡已經不算短的時日了吧，他其實能提供的相當有限，但是她總是來找他談，後來竟變得她的日子不能沒有他似的。

我想著，也許她需要那條電話線所架構出來的聯繫，雖然這條聯繫目前看來更像一步一步在消滅她，但是她卻又需要它。如果她知道這個假設，可能會如何反應呢？這個想法讓我突然覺得，自己是個冒犯者，因為我可能會擔心她被媽媽所毀滅。但是我根本不曾見過她媽媽，我如何能做此判斷呢？

她對他說，媽媽不只是要她的錢，更像是要她的血。她強調，媽媽要吸的是她的血。她突然放聲大哭，她的身體隨著眼淚而抽動，恢復了身體做為身體的活力。

我想著，先前她只以嘴巴活著，但是淚水模糊了視線後，她好像看清楚了什麼？

她對他說，她好想念爸爸。她又搬出另一個記憶的箱子。在淚水裡，她說，從小不曾見過爸爸，媽媽每次提及爸爸，就破口大罵爸爸，她記得媽媽口中的爸爸的所有故事。

但是，她真的好想念爸爸。

只有千里眼看得見
遙遠地方無風起了四場風波
早在一百個月前
順風耳就已經聽不進去
重複又重複的心酸
是誰在廟口拍賣失去的青春
還有兩隻多事的麻雀
肩併肩
違規提早舉手表決
那個地方名叫內心深處

21. 秋天的感覺是墓誌銘？

　　冬天了吧，不然，天空怎麼如此暗淡呢？人生的一切，都隨著秋天的落葉，消失了。

　　她對她說，她甚至不確定是否這是她的真正感覺？她覺得這些感覺是有些老氣，甚至落葉的描述，也是飄浮在空中的感覺。她對她說，同樣身為女性，她很希望她能夠了解，她好想有個歸宿，落葉歸根的那種感覺。

　　她有些擔心，是否她在傳遞不想再活下去的訊息。她猜測她會如是擔心，馬上對她說，她不會想自殺。她說，只是回想自己的一生，總是踩在空中的感覺，她只是想要尋找那種踩在地上，落實的感覺吧。

　　蕭瑟也感染了我，或許踩在滿地落葉的景像，更像是我想像中的踏實吧。何以秋天容易讓人有那些感覺，難道人需要的是溫暖，只因為落葉季節讓人想到擁抱？但是必須承認，對於這兩位女人的對話，所知仍相當有限，僅是在這些常用的季節心情裡打轉著，或許如她所說的，有時覺得這些描述是有些老氣。

　　她說，原本期待兒子和女兒，期待他們可以了解她。但是她很失望，兒子對她總顯得不耐煩，覺得她太囉嗦了。她覺得很委曲，不知怎麼會變成這樣子？

　　她想著自己的挫折，是否來自她的兒女不如她意，

但對於這點，她知若眞的如此，她其實很難幫上什麼忙，甚至連談些安慰的話，自己都覺得有些言不由衷。她突然覺得不解，何以會覺得自己言不由衷呢？也許同樣身爲女人，總是容易感同身受，只是得提醒自己，這種感同身受，是否反而會讓她看不清楚事情的原委？

　　我想要從落葉的蕭颯裡，聆聽和尋找女人的失意，或是任何人的失意。人們如何共同地賦予秋天和落葉的感覺呢？難道沒有反抗者，不同意這種秋天的情感論述嗎？有位男童，拉著年輕母親，經過身旁，只聽那位男童的口氣，很得意上揚地說，媽媽，走快點啦，你又不是老人。我想著，她的接近年老，也許是被她的兒女催逼出來的。

　　她說，她的女兒有一天，竟對她說，不要向我吐露你的心事，女兒說她已經長大了，不想再聽她重覆抱怨，當年，爸爸是如何狠心地，離她和兒女而去。她說，那時很想反駁女兒，因爲她幾乎不曾提過這些往事。

　　她想著她對她所說的，人和人之間的恩恩怨怨，更加不確定，她到底怎麼了，女兒和兒子也要離她而去了。難道當年先生離她而去，而兒女目前也在做著和爸爸相同的事嗎？怎麼理解這種事呢？

　　我必須修改自己的想法，也許是她催逼著兒女，讓兒女早在兒童時，即已年老了。我一時之間，還無法理解這個想法，畢竟還需要一些環節，才能拼湊出這個想

法的其它邏輯。我甚至嘲笑自己，有這個奇怪的想法。

她對她說，她甚至不知兒女何以如是說，她確定他們的父親在離開後，即不曾再有相遇，何況那時候，兒女都還很小。她再次確定地說，她真的不曾對兒女抱怨過，當年，他們的父親離棄他們。

她想著，難道她需要當起偵探的角色嗎？但是知道所謂的真相，有什麼用嗎？她其實不認為，知道這些真相，能夠解決目前的困境。她想著，並非真相不重要，而是，什麼才是謎呢？是誰打造了謎題？

她說，她甚至不是那麼在意，兒女的想法是什麼，她早就一直期待著，兒女趕快長大，那麼她就可以解脫了。她神情突然嚴肅起來，她很確定不會跟兒女抱怨他們的父親，因為她只想盡快擺脫他留下的陰影。

我想著，她所提及的落葉歸根，似乎另有意涵。

她說，她一直覺得兒女是他先生的陰影，她一直想擺脫這個陰影。她陷入沈思裡，秋天的落葉覆蓋著她。

她覺得，她這句話，就是她的墓誌銘。

她對她說，有個男人讓她很心動，以前孩子還小，因此，雖然和對方有性關係，但她覺得一直有個陰影蒙在心頭。現在她很高興，兒女已長大，雖然兒女不太理會她的失落。但是她覺得兒女不理會她，反而讓她的失落感得到了補給。

也許這就是秋天的感覺吧。

欺人太甚的悲傷
把隱隱作痛塞進多年流浪後
走散的關鍵字裡
讓僵局再回到原地嘆氣
在來來往往的人群裡
尋找埋伏在刻板印象裡的幸福
被當作無法動彈的文字獄來拍賣
代價是曾經臉紅的對聯上
一行多情卻蒼白的詩句
綁住的溫暖

22 · 乳房與天狼星，都在等待冬天？

　　天狼星在星空，遙不可及，卻有無限的想像空間。

　　她對他說，她失去右邊乳房後，她就失去了所有想像的空間。她略帶著笑意，有些涼意的語氣，如堅硬的珠子掉在地上的秋葉，只能往地裡滑落。她說，她的生活仍過得很踏實，甚至用穩健來形容也不爲過。

　　他是喜歡秋天的人。他對於她所說的踏實，更讓他覺得冰涼，有股悲傷的秋風在流動，聰明的冷風，總找得到微細難尋的門路，讓人寒冷；夏季的風卻常迷路找不到人，讓人汗流浹背。聽她如是描述，倒是讓他覺得寒冷卻又汗流浹背。

　　她說，每當她想到乳房的消失，就覺得有某種難以稱呼的感覺，突然湧泉般阻塞了她的思考出路。

　　我想著，天狼星，在台灣是冬天裡最亮的一顆星；希臘人在夏天看見天狼星，認爲天狼星在日出前出現，會帶來疾病。埃及人想精準預測尼羅河何時氾濫，經過長時間的觀察後，發現每當天狼星第一次於日出前，在東方地平線附近出現，尼羅河也跟著氾濫，因此他們視天狼星爲忠實的狗，提醒他們防範水患，有人說它促使了天文學的萌芽。

　　她對他說，很久以前的事了，每次向朋友提起，他

們總是要她趕快走出陰霾。她停頓了一下，眉頭緊皺，要用皺紋抓住什麼。她說，她總是很自責，覺得讓朋友們失望了，久而久之，變得真的很喜歡陰霾。

他發覺自己所喜歡的秋天，與她所描述的有所差距，他覺得需要再沈澱與思考，這種差別的意涵是什麼？但是，他此刻是覺得溫暖，卻又覺這種感覺很不著邊際，這反而讓他更加困惑，到底發生了什麼事？尤其是當她說，她有著那些難以名之的稱呼，是指涉什麼呢？

她說，後來，她根本無法理解朋友們所說的，走出陰霾是指什麼？她說，有時甚至發現，自己對朋友充滿了恨意。

我想著，她的困惑，更像是古希臘人或古埃及人，望著天狼星，想像那到底是什麼？或者那顆天狼星，好像她已失去的右邊乳房。我好奇，如果那個失去的乳房就是天狼星，當我們緊盯著它時，會發生什麼事呢？

他是她的恨意所投射的對象，但是他此刻並未明顯如此感受，只是想著如果自己是那隻忠實的狗，如同天狼星，是否可以指引出一些思考的明路。

她對他說，她喜歡跟他談自己的想法，因為他並不催促她，要趕緊從陰霾走出來。她看了他一眼，趕緊又低頭，擔心自己是否冒犯了他。她說，她其實根本無法理解，朋友們所說的走出來，到底是指什麼？她要從哪裡走到哪裡，才算是走出來呢？她顯得有些不好意思，

好像自己的疑問，是很幼稚的習題。

他發現，當她看他一眼後，又馬上低頭，他更像是天邊最亮的天狼星，但是到底如古希臘人那般，將他當作致病的來源，抑或視他為忠實的狗，替她看守著尼羅河的氾濫？

她說，朋友都說她的感情太氾濫了，動不動就哭泣。但是在他面前，至今，她都很冷靜，不曾掉過眼淚。她說，那些朋友都是同樣的說詞，要她趕緊擦拭眼淚，才能看清楚而走出來。她覺得朋友們好像都很清楚，人生要從哪裡走出到哪裡，但是她真的不知道，那是什麼意思？

我想著，何以失去的乳房與天狼星有些關聯？也許她生活的困境，都是圍繞著失去的右乳房，「失去」讓它變得更光亮，像天狼星要指引著什麼，而光亮需要暗夜。或者說，失去的乳房是天狼星，她的身體是暗夜的天空，因此她不解朋友的說詞，要從哪裡走出來，要走到哪裡去？

她對他說，右乳房切除後，有一天，她突然發覺，自己對於性的感覺不見了。她勉強地擠出話，她真的不在意是否走出陰霾，她只想趕緊再找回她失去的快感。

他想著，原來是快感走出去了，但是，她的身體還逗留在暗夜中。而話語，還追趕不上快感。

我想著，剛初秋，天狼星還在另一方，等待多天。

沒事
就在文字裡尋找快感
一字躺在另一字旁
做著千百年來有人做過的事
色情三七仔喜歡意在言外
讓牽猴仔有事可想
真的沒有事啦

23・表情站在暗夜的月台？

後來，日子就這樣過著自己的時光。

日子，早就已經變成了主詞，而被過著日子的人，變成了人生這段長句裡的受詞。受詞只是被日子拖著往前走，或往後走也說不定。誰知道呢？

他深深嘆了一口氣，這口氣長得如同夜空裡慧星的尾巴，拖著長長的亮光，卻瞬間消失在黑暗裡。他對她說，他這一輩子只是掙著一口氣，拖著破碎的自己往前走。他再度陷溺在無邊的暗夜裡，那口氣泥淖般的凝滯，在他和她之間。

她彷彿被困在一座無邊無際的時鐘，分針和時針之間，她想著，如果只是想著如何使自己可以脫困，那麼，她是在做什麼事呢？黑夜不是只在他的世界裡，她也被拉入了，一時之間，還不知如何想像的世界。

他的表情站在暗夜的月台，等待些什麼，卻不是等待任何人和事，只是風景的一部分。他對她說，他也不確定這是不是往前走，只知，就是一直走著走著。

我浮現導演溫德斯的《巴黎・德州》裡，千里尋找太太的男主角的腳步。不確定是類似的故事，抑或完全不同的人生故事，卻以類似的心情，走出一些難以理解的時針和分針的故事。我想著，她也被拉入了他的人生

故事，她如果期待他走出困境，那麼，這是什麼期待呢？
好像她的人生是被他走出來的。但我覺得這個想像是有
些不合常理。

　　他對她說，他一直撐著一口氣，好像撐著一個場面，
讓破碎的自己在這個場面裡，各自演著破碎的故事。他
追加說，其實也談不上演什麼故事，只覺得好像地面上
的碎石子，躺在那裡。

　　她不理解他要追加的是什麼？但是她發現自己，卻
很容易依他所提及的場景，陷在碎石子之間。她覺得自
己必須努力地呼吸，好像呼吸突然不再是自然的動作。

　　他對她說，好像所有的人生故事在出生後，即已經
演完了，他不知自己如何度過之後的所有日子。

　　我想著，的確很難理解他所說的日子是什麼？何謂
出生後，人生故事即已經演完了？我拼湊著他在言談裡，
所流露出的片片斷斷，對於他所形容的，他自己只是碎
片，是被一口氣撐著。我想像著一口氣的故事，不是人
生碎片的圖像。這一口氣的故事，更讓我覺得這才是主
角，一地碎片的他，只是人生的背景。

　　他出神了，像在渙散的竹葉林，隨著風的吹來，不
在乎沙沙作聲。他說著話，也不確定是否對她說，已經
好久，沒有快樂或者悲哀的日子，雖然以前曾經在別人
的眼光裡，是個成功的生意人。他想嘆氣，但是連嘆那
口氣都覺得不能浪費。

　　她恍然大悟。她對於他連嘆氣都不能浪費，她才約略了解他所說的，「這一輩子只掙著一口氣，拖著破碎的自己往前走。」這口氣的確是主角，扮演著主宰者的角色。破碎的自己只是後來者，冷眼旁觀者。

　　他對她說，在別人眼中，曾經成功的生意人，他自己卻覺得，更像是把自己當成做生意而賣掉了。他好像發現什麼珍奇，他說，他今天才知道，他這一輩子是以成功來賣掉自己。每一次的成功，就販賣了自己的一小部分。

　　後來，日子就是這樣過著它的時光，日子早就變成了主詞。我深深地吸一口氣。望著窗外的路口，斑馬線上來來往往的行人，走著相同或不同的方向，他們只在錯身而過時，發生了人生的交會。我想著，如果人生的十字路口，才是人生的主詞，走在路口上的人們，只是路人。

　　他對她說，日子拖著他走，他這麼感覺已經很久了，只是很訝異，自己怎麼一直不知道這個事實。但是這個能夠認識自己的他，也不見得特別喜悅，他的表情依然站在原來的月台。不是等待什麼，只是站在那裡。

　　她想著，如果她是正要駛進月台的火車，她修正自己的想法，也許是已經駛離月台的列車吧，她如是告訴自己。

青春的慚愧
走路依然有風
擠出滿臉靜默的夜色
讓影子
沈思一盞燈的意義
至於曾經翻牆的光明
還蹲在角落懺悔
多年前
殘留在一句未說完的話裡
曾有的深情

24・今天，她死了三個爸爸？

　　一路上，她的心情沈重無比。

　　今天有某種解脫的感覺，她不太理解，是怎麼回事。為何面對這麼多問題時，反而還有微薄的解脫感？她對他說，她的女兒一直沒有考慮她的心情與壓力，竟然還一直吵著她，要買最新型的手機。她說，她根本不可能有錢讓女兒買新手機，但是女兒一直吵，表示同學都在討論新上市的手機。

　　他覺得，這只是一般家庭裡常上演的故事罷了，青少年要求與別人一樣，但也尋找自己與別人的不同。他聽她無數次如是抱怨了，女兒無法了解她的辛苦。他苦思著，到底要如何才能使她跳脫呢？

　　她對他說，她很了解女兒的心情，以前總覺得讓女兒從小沒有父親，因此做很多來彌補對女兒的虧欠。她的口氣是篤定的，彷彿要確定，自己的確一直是這麼做。她今天氣定神閒，臉部的肌肉不再像以前那般，一直在皮膚底下尋找出路。

　　我被淹沒在無邊無際的空虛裡，覺得她緊抓住了神奇的魔咒，一切都是很篤定，我卻顯得徬徨而不篤定。我思索著，對於她自己的問題，何以她幾乎有答案了？

　　他心中想著，到底能做什麼，讓她快點跳出目前的

巢窠，因為他發覺自己已經愈來愈難忍受，她對於女兒的抱怨，好像日出後，日落早已經在某處等待著她的抱怨。他甚至覺得，如果她趕緊改變，他自己在面對她時，就會舒服多了。他意識到，他將自己心情的起伏，交在她的手上，她卻如此起伏不定。

她對他說，女兒真的很像先生，以前和先生外出吃飯時，明明手頭很緊，他總是要吃全餐，害得她只能點最簡單的餐點。她今天的神情的確超乎尋常，以前只要提及先生時，總是咬牙切齒，彷彿先生是她的全餐，她必須要以刀叉揮軍南下。

我是好奇，他也受她的影響，而期待她趕快改變，做為他可以較舒服的方式。何以他將他自己的決定權，是否舒服和愉快，擺在她的手上呢？何況她一直如是起伏不定。

她對他說，她覺得這一輩子的幸福，早就毀在她的前夫手中。她的神情依然是堅定的，不像起伏不定的水波，倒像是在水波紋路裡，不動的那塊石頭。她說，從結婚當天開始，就覺得自己這輩子完了，她一直想離開他，但是當時他一直不放她。

他覺得怪怪的，當她提及先生時，說著「他」這個字時，他卻深深覺得她好像是在說他，怪他未能有所改變。因為童年的她一直期待著，傍晚在巷弄路口，父親能在她的等待下，從遠遠的路口突然現身，朝向她走來。

他記得，她曾描述說，為了能夠看得久一些，她總是站在巷弄的最底端，如果父親出現了，並朝她走來時，她可以看得比較久。

她說，媽媽總是以降尾音的不屑語氣，說爸爸是「他」。但是，她不曾見過自己的爸爸。後來，女兒就出生了，和先生的情況依然沒有改變。她好像站在水波旁那塊大石上，發表她的世紀宣言，表示她多麼期盼先生可以改變，她甚至告訴自己，其實只要他有「一點點」的改變就可以了。

他對於她今天的沈穩神情，反而有些毛骨悚然。尤其是當她提及先生時，重覆加重語氣的「他」，描述女兒是多麼受先生「他」的影響，女兒也跟隨先生之後，讓她再度無法脫離苦海。

後來，沈默許久，天與地都凍結了。周遭的情緒像大石旁的漣漪，觸及大石後，馬上被凍結，她刻意壓抑自己的情緒。後來，她突然冷淡地說，今天早上出門前，有人告訴她，她的前夫已經死了。她已經十幾年不曾再見過前夫了。她對他說，她等待這個消息，已經等很久了。沈默之後，她說，今天早上聽到前夫死亡後，她突然覺得很輕鬆，以後就不必再來這裡找他了。

他聽到了，她不想再找他了。

我發現，今天，她死了三個爸爸。

有一朵花站在枝頭
宣稱它不再是花
因為一隻鳥飛過
帶走了秋天
沒有季節的花
不知道自己是什麼
就宣稱是浮萍
多麼難以了解的詩句啊
花和浮萍是親戚或朋友呢

25 · 眾神的見證？

還能再說什麼呢？他發現自己其實也攪拌在裡面了。他想要脫身，但事情不是如此單純，他甚至還不清楚怎麼回事，又能脫身到哪呢？

他對他說，他父親是個乩童，從小他只要看見那些神像，就想要將它們摔碎。說話時，他的冷靜反應，讓他不確定他是否真的做了，只是他的確頗被吸引，想要多知道到底發生了什麼事？他繼續說，他不曾如此做過，有一股奇異的力量，要他也得尊重那些神像。

他也是在鄉下長大，對於神像自然抱持著敬畏之心，「天公」是很大的，大到他難以正視神像，雖然只是木頭雕刻的玩意，他深知它們威力無窮。面前這位男人的憤怒和不安，他覺得自己只能在豐富倉庫的門外逗留，另有神奇故事，隱身在他那倉庫般的話語和話語之間。

他說，他不知道為什麼，當有信徒來詢問運勢時，父親總是很快就可以進入狀況，也就是，很快就有三太子上身了，他甚至不想要回想那個過程，覺得是很丟臉的記憶。他這麼說時，好像在診療室裡也有什麼，讓他難以啟齒。

我聽著Joan Baez在六零年代的歌聲〈Imagine〉。只是湊巧吧，我想像，大概他的父親對他不好，或者他覺

得三太子上身，是騙人的把戲，這使他很困窘，而想摔掉神像。這種想像是老生常談，也不必太花力氣。

他對他說，有一次，他看見一位老先生來求助，說他六神無主，因為太太和別的男人跑了，想要問神，太太在哪裡，決心要找太太回來。他不記得全部過程，記得父親拿著七星錘在右手，準備著什麼似的，父親這次沒有神祇上身，只見他很嚴肅地對老先生說，「你回去吧，就當她死了吧。」老先生掉淚，失望走了出去。

他覺得自己被什麼感染了。他的神鬼之旅頗吸引他，又覺得故事不只如此，他雖對神祇抱持敬畏之心，但是平時不太去理會神鬼的事。他好奇著，一股充滿張力的氣氛，總是在他陳述自己的故事時，出現在兩人之間。

我倒是好奇，他是如何想像父親告訴老人：「你回去吧，就當她死了吧。」，多麼殘忍的話語，不是透過神的話語，而是他父親以人的軀體，對生命的徬徨，所做的結論和註解。我想著，人有權利做這些註解嗎？

他說，他一直不了解父親，尤其是他的行業，但是每見信徒是如此誠心地請教父親，倒也讓他不得不由衷地佩服。他說，他不知道什麼時候起，會突然浮現那位老先生的情節，他也不知那老先生，後來到底怎麼了？

後來，他想著，他未再詢問他何以衝動想摔壞神像？他想像，當他說，父親的殘忍和令人敬佩時，意味著那是相同的事情。老人的出現好像是個症狀，它跑出來，

要提醒他，有個問題在某個地方。

他對他說，他從小不曾見過母親，父親也不曾談過母親。他說，從小他就在一排排神祇前，和煙香繞室的環境裡成長。他常告訴自己，要趕緊長大，為了可以趕快離開這個地方。此刻，哀傷的氣氛才像煙香般，瀰漫在他和他之間。

我仍然繞在那個困擾自己的疑惑裡，人和神的權利在哪裡？尤其在面對人的悲哀時。至於他所收拾起來的那種破壞的想法，也許躲閃在對母親的思念裡。

他說，印象裡，他甚至不曾問過神，母親到底在哪裡？他突然有所思地說，也許他像那個老人，根本問不出那個最深沈的疑惑？

他想著，難道他的憤怒，是因為不曾問過，母親到底去了哪裡？

他說，小時候，當他獨自在神像面前……，他稍微停頓，好像準備好要壯烈有所作為。他說，在神像前，他的小雞雞，總是很硬地高舉起來。他神情突然變得輕鬆，好像是在自慰之後。他說，真的很奇怪，怎會老是硬起來，這讓他很想摔掉供桌上的眾神。

我想著，老先生，太太不見了；他的媽媽，也不見了；他的小雞雞，卻不時地跑出來；是否他要眾神見證，他沒有不見了。但何以他想摔掉眾神像，我就不全然清楚了。

不論有事沒事
它就這樣子說話
沒有張開嘴巴的那種
為了在暗影裡
幫許久未見面的光明
尋找容身的地方

26·是誰的誰在場？

　　她對他說，今天早上出門前，她幫小兒子穿鞋，小心地在鞋上綁個漂亮的蝴蝶結。她混雜著得意與小心，但是這種混合，卻像是一鍋令人納悶的湯頭。她說，後來送小孩去學校，這是她每天很重要的任務，她不希望小孩重覆她當年的苦痛。

　　他的確要謹慎地品味，這道混雜著得意與小心的湯頭，某種特異的氣氛，渲染在她與他之間。他覺得，他像是那雙鞋子，需要一個漂亮的蝴蝶結。或者，他是那個蝴蝶結，而她是打結的人。

　　她說，站在學校門口，望著小孩走進校門，她仍捨不得離開。說話時，她的神情變緊張，有事情即將發生。她說，其實也沒什麼啊，她不過是想留住小孩的影像。她好像陷入愛情海。她說，小孩，是她的全部。

　　我幻想著，也許這個蝴蝶結的故事，可以書寫成一部深刻的戲劇，讓那個蝴蝶結的意象，烙痕在觀眾的心裡。也許觀眾會帶著受傷的心情，離開戲院。這只是我對她的故事的幻想，我還不全知道，這是怎麼回事？

　　他感受到的卻是，一股令他毛骨悚然的氣氛，油然從深處浮現，他努力鎮住自己。他甚至不喜歡與她交談，連片刻都覺得難以忍受。他只覺得自己很想逃離。

　　她對他說，自從先生離開她與小孩後，小孩變成她的全部，那是很久以前的事。她再強調，小孩是她生命的全部。她只是爲了小孩而活，自己只是個行屍走肉，但是每當她想著小孩，她隨即警惕自己。她說，有位老師告訴她，她要撐住一口氣。

　　他是努力地使自己撐著，面對她，至少他是期待自己，能夠不臣服於她在言語之外所傳遞的威脅感。他努力捕捉這種被威脅的感覺，甚至連她所形容的漂亮的蝴蝶結，也變成一種緊緊的束手無策。

　　我幻想的劇本裡，她的小孩一直在奔跑，想要脫掉那雙有著漂亮蝴蝶結的鞋子，但始終脫不掉，甚至愈脫愈緊。也許小孩是以跳舞的身段，迴旋在荒廢的工廠廠房的外頭，在那些成堆的物品裡，可以看出它在當年是何種風光。小孩在成堆的物品裡，尋找當年的幸福。

　　她說，他無法了解，一路走來，她是多麼辛苦，每當走到絕境時，她就對著小孩述說她的辛苦。她回到當年的苦痛，沈默著。然後她說，躺在小床上還不會說話的小孩，卻是她最衷心的伴侶。

　　我極力藉著想像，來擺脫她所撒出的天羅地網，也許那個跳舞的小孩，在荒廢的場地上，儘管使出了全身肌肉的力量，卻始終難以撐開場面，讓他的身體，能夠隨著自然而律動。

　　他也訝異，她是如此投入，幾乎將她的所有注意力，

都灌溉在她眼前猶待成長的小孩。雖然他一直想逃開這種情境，但另股奇怪的力量，卻又緊緊扣著他，彷彿要他就留在原地，將整個故事聽完。他相信這股奇怪的力量，應只是某種反應，他提醒自己，這不能完全怪罪她，但是他必須獨自面對目前的困境。某股力量驅策著他，他必須在這團迷霧裡，尋找自己的出路。

她對他說，他幾乎不太聽她說話，好像當年離開她而去的先生。她的語氣很平淡，好像說著別人的事。她說，她不懂，他到底怎麼了，一直在避開她的視線。

他發覺自己其實不曾逃開她的凝視，或者，根本逃不開，就像當年躺在小床的她的小孩。他極力藉著自己的想像，來撐開自己的世界，讓自己有更多的想法，也深覺這種時候，唯一能夠逃開的方式，是讓自己能夠想像。但是她這幾句話，馬上將他拉回來了。這不是站在地上，而是飄浮在某處的感覺，只覺得自己踩不到地。

她說，如果當年她先生不離開她，也許她就會完全不同了，也不必困擾她的小孩，到底去哪裡了。她強調，小孩一直在身旁，只是她始終不曾覺得小孩在身旁。

我想像，雖然她是對他說著話，到底在她面前，他是否真的存在？如果他覺得自己想逃離她，是否更接近且更真實的說法是，她始終不曾覺得他在場，而他覺得想逃離她，似乎更像是，他的確是在她面前，因此，他證明了自己的在場。

是誰在天邊呼喊
這世界沒有人了解他們
如此風景裡
也許還有兩棵落寞茄冬
樹影下
就要開始造人了
是誰可以雕琢
了解內心深處的其他人呢

27 · 手勢與飢餓的歷史

　　他不是舞者，他的身體卻被某種不安，驅動著，他一直無法說清楚，他的身體到底發生了什麼事。他拿著筆記本，對她說，上次談了什麼。不等她回應，他隨即又翻了筆記本，要發現什麼似的，但他並未細看，手部的翻閱動作是更重要的情節。他說，每天過得都一樣。

　　她看著他的身體動作，在表達些什麼，只是很不解何以他常翻翻筆記本，好像這個手部動作，可以讓他獲得什麼。她想著，如果有一天他不再帶著筆記本，到底會是什麼樣子。她微笑著，這是一個有趣的念頭，反映著一個未來時間的問題。

　　他對她說，他有記下，上次談話的一些想法。不知何故，他一直不想回到這個時候，卻以一個以前的困惑，讓他在手和筆記本之間游移著。他說，時間過得很快，覺得自己比以前好多了。

　　我也困惑著，如果目前好多了，卻使他不知如何面對目前，而一直將心思放在以前，卻又說不出以前的什麼。我想著，是否他對於自己「已經比較好了」，其實也不是那麼確定？或者，他是不安於自己比較好了？

　　他意圖說服自己，但身體的不安更明顯。他說，他應該靠自己，他不希望對別人有任何期待。稍微停頓一

下，他又說，也不是沒有期待，這怎麼可能。他完成了自己的對話。

她想著，他所說的，應該靠自己是指什麼？意味著他不能依靠她，這是他今天顯得很不安，因而頻頻翻著筆記本，那是一種求救的舉動，向筆記本求助，而不是讓周遭者幫忙？她不確定這種想法，具有多少可能性？

我倒是好奇，他的手不安地在筆記本上要找些什麼，如果說，他將想法擺在上次到底談了什麼，是否他是不願將自己拉回當前，然而，他的手與身體的不安反應，不論怎麼說，都是目前明顯的舉動。我好奇，是因為有一種很奇怪的氣氛，而我想找出明確的語言，來形容這是怎麼回事？

他說，他也不知要說什麼，又很希望能夠得到什麼，一種很飢餓的感覺。他對於自己突然這麼說，很不好意思似的。他順勢闔起筆記本，並把筆記本放在桌上。

她想著，當他不經意地說了很飢餓的感覺後，他變得不需要筆記本了。但是她仍不解的是，不需要筆記本或者他的手不需要再翻閱筆記本？她發覺自己是很遙遠的姿態，好像要遠一些，她才能看清楚什麼。

他的身體不再不安的扭動，原本不停翻閱筆記本的手，變成在空中揮舞。他對她說，很久以前的事了吧。他不確定那是什麼。他說，他常常要很多東西，朋友說他一直很飢餓的樣子，他以前會反擊朋友的說法，只覺

得朋友根本不了解他。他仍正直端坐，右手不經意地抹了抹右邊嘴角。

我發覺他提及飢餓的說法，好像渴望著她能夠提供什麼供養他，他不停地翻閱筆記本，也許在尋找他多年來，一直以礦藏般的方式，收藏在筆記本裡的期望。也許，期望根本不在筆記本裡，是在字與字之間的半空。字與字之間的想像與期待，也許深藏在手上，或者在他心中的某個深處。

他再說，朋友說他好像一直處在飢餓中，什麼都要，但要到後卻又棄之不顧。他的表情顯得很無辜，不情願吞下朋友對他的描述。他對她說，朋友們根本不了解他，他覺得自己做任何事都是深思熟慮。他的右手又不停地撫觸著嘴角。

她覺得他要說清楚那種飢餓感，雖然他以否決朋友們的觀察，來陳述他自己的狀態。她也發現自己一直在尋找某個名詞，想要藉此名詞來定位目前的困惑。她覺得自己最大困惑是，何以他說出飢餓感覺後，整個氣氛隨即安定下來？

他對她說，很久以前的事了吧，有一天，他媽媽對他說，小時候，媽媽的奶水很少，他常哭個不停。他說，他一直想著這件事，但是他無法想像。

我想著，「飢餓」這兩個字太精確了，反而妨礙我們了解，到底什麼事正在發生著？

兩句還沒說完的話
突然被悲傷綁架
一句話決定放棄自己了
另一句還死賴在地上
不肯牽就
寧願被路人嘲笑
尾音的哀號
實在是
不知長進的心情

28·站在十字路口的人

她趕緊要過馬路，今天太熱了。

紅燈突然亮了起來，只得停下來。她想起大學年代時常聽的英文老歌，歌詞描述著歌者看著高速公路上，來來往往，快速的車輛，每輛車都有它們的方向，歌者卻不知自己往何處走。

綠燈亮了，她還沈浸在自己的思緒裡。

她對他說，剛剛在路口因為紅綠燈損壞了，她因此無法準時來。她肯定地如是說，每次來這裡，總覺得很徬徨，反問自己，到底來找他是為了什麼呢。她的口氣並非疑問式，而是肯定式的確定。

天氣真的很熱，今天，冷氣剛好壞了，他也很懊惱。他想著，還真湊巧，她來這裡的路上，紅綠燈也剛好壞了。他原本還想著，還好她今天晚到了，不然冷氣壞了這件事，會讓自己顯得很不好意思。他想著，她述說徬徨，也是常聽到的話題，雖然至今他還不知那到底是什麼？

如果她能夠知道自己的方向，也許就不必老是來這裡了。她說，她很渴望來這裡，每次來之前，總是很興奮。她的神情被悶熱包圍了，她說，如果讓她選擇，她會選擇的男友不會是目前這位。她沈思著，要在人生的

十字路口，替自己做出最好的選擇。她說，當初會選擇目前的男友，只覺得他讓她很有安全感。

我對於她的人生十字路口與紅綠燈的比喻，想著是否有其它的意涵？這只是一個安全的比喻，是要遮掩她的其它想法與對人生的另有期待？我只是覺得十字路口的比喻，是過時且無法增加想像的說法，也許早已被她用來比喻過其它意涵了。是否她的徬徨正反應著，她在搜羅某種早已損壞，卻又一直想掌握的安全感？雖然我也困惑，什麼是安全感呢？

她對他說，她很擔心，以後是否會愈來愈依賴他，雖然她很想來找他說話。她的雙眼充滿著淚水，她努力地克制著淚水，同時克制著她想說出的話語。她說，從小缺乏安全感，不知道自己要往何處去？她的這句疑問，的確比字面上的疑惑，有著更大的問號。

他終於在熾熱氣氛裡，逐漸冷靜了下來。對於她說很想來找他談話，他覺得這和她先前的行動是一致的，但是當她說，選擇目前的男友，只是因為對方給她安全感，而她對於這種安全感，又充滿了不安？他不解安全感與她的不安之間，何以緊緊地黏結在一起？

如果她可以選擇，她覺得自己會選擇，敢冒險的男人託付終身。她對他說，她其實一直在尋找，一位可以讓她感覺有安全感，又具有冒險精神的人。她陷入某種迷惘裡，不安地低頭看著自己的手，那是不安的手。

　　我想著，對她而言，具有安全感的男人和敢冒險的男人，是不相容的兩個男人，我還不解何以如此？但在她的人生經歷裡，那的確是兩個不同的男人。何以在她心中，這兩個不同的男人，她卻同時想在一個男人身上找到？

　　她想著那首老歌，每輛車子都有它的方向。綠燈又變成紅燈了。天氣愈來愈熱，看著路口的紅燈，她等待著綠燈來臨。她對他說，她一直說服自己，要接受目前的男友，但就是沒有辦法。她的無奈是如此真實，但她知道，她必須接受這種現實，雖然她從骨子底是怨恨這種現實。

　　他對於她的無奈，也顯得不知如何回應，他也知道，她不必然會想聽他任何意見，畢竟從她的談話裡，她對自己的問題，已有一套說法和解決方案了。他對於自己這種無奈感，覺得不好意思。

　　她也感受到他的不好意思，她說，她真的很怨恨自己，只能選擇讓她有安全感的男友，她覺得這是天譴，她只能服從，也充滿了恨意。她顯得很冷靜，無法從她的表情裡，真正理解她的語意。

　　在他的想像下，他無法確定的是，也許她的冷靜表情是更真實的心情，而不是壓抑的結果，雖然語意上，她的確充滿了恨意。但是他覺得，自己要下任何判斷的話，最好還是小心些較好，何況他做這些判斷，實質上

並無助於他對她的了解。

　　彷彿我是站在十字路口的人，反而失去了方向，或者說，寧願紅燈開關壞了，持續亮著紅燈，直到我知道這是怎麼回事？

除非
風從蟬聲裡搬出
內心七斤重的自責
準備夜半出手挑撥
多年前藏在悲傷故事裡
第五行倒數第三字旁
硬擠出來的笑聲
逼走
正要盛開的
一朵心酸

29．鄉愁路上的灰燼

　　他對她說，他早就知道自己的問題了，因為他很認真地閱讀各類書籍。他的態度有些高傲，他的肯定口氣裡，顯示並未將她放在眼中。他說著，卻突然流下眼淚，表示前幾個禮拜真的很難過，他有種強烈感覺，覺得自己被拋棄了，不知道該怎麼辦？

　　他變得很脆弱，讓她覺得自己必須要更謹慎些，不然他可能會不自主地反撲。她還不甚了解，這種擔心由何而來，但這種擔心確實佔據著她，彷彿她已被他的眼淚給綁架了。

　　他在稍沈默後，隨即又有信心的對她說，他有把握，如何處理自己的問題。他的身體姿態也變得較僵硬緊繃，身體也在支持自己的話語。他說，其實他只不過是多慮而已，反正事到橋頭自然直。他的口氣並非一直氣壯，最後尾音所呈現的困惑與猶豫，讓他再度加強語氣，表示他不可能被命運所打敗。

　　我也認真地在他的話語與身體反應裡，呈現更多的問題來問我自己。我的海腦浮現著赫曼·赫塞在《鄉愁》裡的話語：「山重水復，滄海桑田，絲毫不到我們村子那個隱居的山洞。」

　　山洞正在他與她之間，一步一步地構築起來，變成

兩人的隱避所。

　　他想要讓她知道，他是多麼努力地撐住自己。他說，請她不必替他擔心，他需要的只不過是，有人可以聽他說話。他重覆說了一次，他需要的，只是有人，可以聽他說話。

　　她確定，自己是被他排斥在不同的世界了，並非她不是他想要述說的對象，而這更像是在不同世界的兩人之間的對話，例如，對著祖先的牌位述說，對著玉皇大帝呢喃，或者對著天上的主表達懺悔。

　　他對她說，反正所有苦難都走過了，沒有什麼事是不能解決的。

　　我想著，他要找人說話，是要有人聽他說話，或要有人幫他解決問題？依目前的說詞看來，更像只是找人述說，一如他所明說的。只是這無法完全說服我自己，我仍不明白，若如此，為何更像是兩人之間，建造山洞，成為避難所。

　　然後，他把鄉愁的滄海硬往裡頭塞，塞成淚眼濛濛細雨的桑田。

　　她想著，也許她要先在自己心中弄清楚，兩個不同世界是什麼樣的世界，或許這幾個比喻，仍不足以讓她能夠清楚，說話者與聽者之間的關係。

　　他對她說，記得多年前，不知確實是何年了，爸爸突然對他說些鼓勵的話語，當時他也覺得很怪，何以沈

默的父親竟開口說了那些話？他的眉頭開始緊繃，要建構一道厚實的柵欄。

他說，隔天，父親就不見了。

她隱隱感到不安。對於他的故事，她好像多了解一些，何以他要把自己關在人生無形的洞穴裡，而且跟她說話時，一直使用那些很健康的字眼？她不知自己不安的由來，是否意味著，他與她之間形成的山洞般的隔絕，突然引進了陽光，卻是這般傷人的陽光，只是讓人想緊閉起眼睛。當她感受到想緊閉眼睛時，眉頭的動作令她訝異，自己無形中在模仿他的困境。

他輕輕挪動坐姿，內心裡卻是個很大的動作。他說，父親突然對他說了一大堆話後，隔天從此沒有音信，家裡也從不曾再提過此事。每個人都依以前的日子過著好像不曾發生過這件事，或者，更像是每個人覺得早就該發生的事，在大家心中預演多年了。

我想起，他起初的淚水，或許是在洗滌某條通道，讓他可以思考一些事。雖然我仍不確定，這些傷感的事件裡，他是如何想像這些事，畢竟，這是相當久之前的事了。如果他的鄉愁之路，充滿了厚厚的灰燼，那麼，曾在心中無形被燃燒過的往事是什麼呢？

她想著，多年來，是否他早已在父親消失前，即在心中演練過父親消失的戲碼？那麼他與她之間，建構出如同山洞裡的避難所，也許不是傷心，而是一種訝異，

事情怎就如此發生了？卻又同時是早就有的預言，而且預言實現了。

很矛盾的情緒，但是就這樣發生了。

他突然說，很感謝她能夠讓他說出這些。

她更困惑了，此時的道謝，反而令她不安，她替自己先前的不安，找到一個解釋的方式，是否他會像他父親那樣，說了一些話後就消失不見了，讓她被逼得處在他當年的困境裡。

但是，她想著，也許，他以道謝做為火把材料，照明另一條路，讓她再度迷失的路。她需要新的了解他的方式。

故鄉喜歡獨白
人潮擁擠白天時
總是怯場
忘記重複練習的說詞
卻在暗黑後
摸索來到門外沿路徬徨
敲打心跳
宣稱帶來了一口氣
吞不下
有風度的多愁善感

30 · 沒有奶水的勝利

　　後來，她是很不安地對她說，她很生氣自己的奶水，竟然如此稀少。她是真的很生氣，頭兀自低了下來，望著高跟鞋上，那朵不知名小花的浮水印。

　　那雙紫色高跟鞋的線條，以摩登的風格，襯托出踩在地板上的小腿，如同新造流線的玻璃高樓。她說，每次小孩餓時就大哭，這讓她很慌張，好像天要塌下來。

　　她想著，在這二十一世紀，不少婦女已改為牛奶餵食小孩，她的慌張讓她覺得有些不太尋常。若依傳統，她的心情似乎又容易理解，只是她自己也不清楚，所謂傳統是指什麼，這也成為模糊的概念。難道，她只是覺得無法達成傳統媽媽的角色，而變得如此慌亂嗎？

　　我想著，表面而言，她無法符合傳統做為母親的角色而覺得慌亂，只是我深深懷疑，她如此盡忠於所謂的傳統角色？然而，她抱怨因奶水匱乏，使她陷於困境的描述，的確相當生動且鮮明。

　　她對她說，她可能很難真正了解她的心情與挫折。陷於沈默。也許她覺得不該說出這種過於刺激對方的話語。她說，同樣做為女人，她並不是真的質疑她，只是真的太令她喪氣了。她的手肘擱在椅靠上，軟弱地垂著，楊柳在風中懶洋洋垂在水池上。

　　我憑弔失去力氣而沮喪的她，但她的小腿在高跟鞋上，依然昂揚，如同冬天石壁上蹦出的小黃花。她的片刻沈默，卻說了更多的事情。需要想像，她抱怨她無法了解她時，無法被了解的是什麼呢？但是，她已經說明了，何以仍覺得無法被了解？

　　她說，有一次她母親不經意地說，她的乳房那麼小，可能養不了小孩。她記得當時沒說什麼，但是她一直記得母親這句話，雖然她想將那句話拋掉。她搖搖頭，更像是努力要記起什麼。她說，印象中，母親根本沒有好好帶過她，除了忙於農事外，母親忙於追逐她的先生，害怕轉眼之間，她的先生會消失在風中。

　　她不解她使用的稱呼，「她母親的先生」，好像他不是自己的爸爸，而只是母親的先生。或者，她覺得母親被爸爸吸走了，她母親像是垂柳，只在爸爸的水面上映照自己的存在。她想著，由她言談之外的表現，也許，她穿著高跟鞋的姿態，辛苦想要擺脫她母親的形象。她不是母親，只在田裡工作，她是穿著高跟鞋的女人，「不同於自己的母親」或者「不同於母親」。

　　當她在不知不覺間，讓自己要「不同於自己的母親」，變成了「不同於母親」，這讓她要當母親，變得很吃力。

　　我想著，她的小腿站在高跟鞋的姿態，除了是揮別自己母親的方式外，她要讓自己變得跟母親有所不同，

似乎連「母親」這個抽象又具體的角色，也被她拋棄了。這使她在自己的小孩出生後，無法充當她自認為「母親」應有的功能，以奶水撫育小孩。

當初丟掉的不是「自己的母親」，而是更廣義的「母親」。

她對她說，更讓她生氣的是，先生竟然離她而去，只拋下一些話語，責備她根本沒將他放在眼中。她喃喃自語般說，她的工作要忙著周旋那麼多人，回家很累了。也許這麼說，仍未能完全說服自己，她接著再說，為了要擺脫母親，她很辛苦的工作，要好好經營自己的家，一個有很不一樣母親的家。

她發現她最後說，要經營自己的家時，已經完全處於無力者的狀態，但她仍然可以感受，其中所隱含的某種銳利，只是她還無法清楚描述，這種銳利是指什麼？同樣身為女性，她不認同她對於母親角色的看法，但是也發現問題不全在她所談論的「女性的角色」課題。

我想像，她不但擺脫了自己的母親，那個她覺得只追逐先生的女人；她也擺脫了家，就像用力過度，連自己想要好好經營的家，也被刺傷丟棄在一旁了。我突然覺得，我不是注意她的小腿，而是試圖要忽略，被小腿所踩住的高跟鞋，那雙有著尖銳後鞋跟的高跟鞋。

她說，都是她沒有足夠的奶水所致，她覺得很對不起小孩。

　　我想著，她穿著尖銳高跟鞋，站在土地上的姿態，刺傷的不只是小孩，也刺傷了自己，試圖做為母親的那個自己。

　　她站起來，對著她說，「我無法接受自己沒有奶水這事實」。後來，她走出去時，背影卻像是，她是勝利者。

風雨過後
落葉不再倔強苦守
前天的夢想
只想在飄散前
緊緊抓住
迷走古老版本的哀愁
風走著依然是風的腳步
雨卻停駐眼眶裡不願有明天

31·回家的方式

夏日午後。

她走向已離開十多年的老房子。在進房子前，她突然有了其它想法，這個想法變成扭轉她腳步的力量，因此她又轉到老家附近的廣場。雖然她已經想不起來，是什麼想法讓她改變方向，不走進家門。

他聽她這麼說時心中也好奇，這個後來居上的想法，是突然冒出來或者是早有的想法，是以潛伏的方式，跟她一起走在這條回家的路？

她猶豫是否眞的要回去。她甚至不確定，這是「回去」，或者「離開」這個以前她叫做「家」的地方。

她對他這麼說，她看見母親單獨地半躺在床上，她站在離床約有二公尺的地方，沒有出聲，她竟然不知道如何做？她不知道自己這樣子站了有多久？

昏暗的房間變成某種喧囂，他被她的沈默所喚起，是時候可以對她說些什麼，但他發現自己的喉嚨，已成了不動的雕像，甚至連聲音都不見了。

她說，她膽怯，她害怕打破那種沈默後，自己從小被詛咒的那些說法，眞的會一一應驗。她不希望這樣子，這輩子，她都是在避免當年的詛咒眞的發生。

她低頭，表情是木僵般死寂，連淚水也凍成某種吵

雜和不斷來回的迴響。她說，其實她是發現那個詛咒已
經應驗，才使她想到要再回到老家一趟。她就要跳進當
年的詛咒。

雖然他覺得，她一直待在詛咒裡，這時是要扛著詛
咒回去，再打當年未完的一場戰爭，她和母親間長久的
內心戰爭。這不是他現在說出來就會是有用的想法，因
為他此刻這麼說，反而更是挑起另一場戰爭。這是他和
她潛在的戰爭。

她聽說，母親仍住在那裡，單獨一人。

我想像黑暗世界裡，兩尊雕像，開始要拉扯當年的
往事。如果詛咒應驗了，卻是她再回到出生的地方，她
要再度出生，或者要走回當年的死寂？這是一場難解的
戲碼，我只能先遠遠地凝視，但我試著讓自己的想像，
能夠走出那種黑暗。

她仍站在那裡，靠近窗簾的地方，看向童年時代，
她從附近的森林裡撿回來的人形樹根。她很快地移開視
線，將視線放在空中的黑暗，她覺得愈黑暗，愈能讓她
清楚地看清自己。

她對他說，她的詛咒是母親當年對她說的。母親當
年很平靜地對她說，她以後會孤單一人終生。如當年母
親那般平靜，她說，母親對她的詛咒，讓她決心要離家，
離家到最遙遠的地方。沈思一會兒，她肯定對他說，去
離家最遠的地方。

　　他試著讓自己平靜下來，她的冷靜讓他愈來愈不安。是一場撕殺，不著痕跡，卻是讓白光寒冷成靠窗的人形樹根。他需要極力地掙脫，雖然他什麼也沒有做，但是這種姿態讓他心寒。他這裡是她離家最遠的地方？她的冷靜是因為離家太遠了。

　　她並未確定這是回家，或是離家的某種方式。在黑暗裡，她依然只是沈默。

　　她說，不知怎麼回事，當年的恨意，憑空消失了。她說得有些猶豫，有股力氣在後頭逼她，要以很肯定的口氣表達，卻反而顯露了原本的猶豫，不確定自己所說的是否真實？

　　她淡淡地說，她必須抓住那些恨意，那是她這幾年來存活下去的憑證。也補充說，那憑證就像是她在都市新屋的地契，她替自己掙到了完全屬於自己的空間。

　　我不確定這兩尊雕像，是否能在昏暗裡，再度活生生地，冷眼相對。心寒的感覺吧，也許比這還複雜，已經死寂的心，需要什麼才能再度活過來呢？我告訴自己，也許答案就是想像，活生生的想像力，但是她活在詛咒裡，使她凍結在當年的往事。

　　這種凍結在往事和詛咒的想像是什麼呢？

　　在異地的新屋，卻只是讓她更難以入眠。她對他說，愈來愈有成就，但是周遭的朋友愈來愈少，她也不是那麼在乎。她依然冷靜。她說，起初她也被自己的不在乎

嚇了一跳，很想去挽回什麼，但是她什麼也沒做。

他很相信她的話，或者說，他不會懷疑她對他所說的話。這種相信卻使他陷入思考的困境，好像他只能附和她的說法。

我在黑暗裡尋找出路。只有在黑暗裡才能看清楚的黑暗。

「想像」，是我唯一的出路，也是我唯一的武器，抵抗她那種冷漠的唯一方式。

她對他說，其實，她是因為突然發現，自己愈來愈像母親，那個讓她心冷的母親，她才起了念頭，回老家一趟吧。她的堅決如同雕像，移動的雕像，在城市裡比其他人還要像雕像。她說，她很快就訂購了火車票，當年她是搭最便宜的火車票，離開她的家。這次，她也是選擇最便宜的回家方式。每次提及「家」這個字眼時，她總是閉起眼睛。

「家」這個字，總是讓她迷失心情，找不到方向。

他想到的是，有人常說的，家是個枷鎖，已是陳腔濫調了，但他覺得對她而言，有比這點更複雜的意涵。只是那是什麼呢？如果有人現在問他，回家的路怎麼走？他確定自己也變得難以回應，並非沒有方向，而是面對她的生命主題，方向也變成某種詛咒。

我相信是詛咒在選擇方向，不是一心求好在做出選擇。如果有一心求好，背後也躲藏著那些詛咒。

　　她說，她發現自己與母親是同一個模子所製造出來的，這是生命裡最大的發現，也是最大的挫敗。她一度不想再看見任何人，她花了幾個禮拜，才對自己的感覺認輸。

　　他想著，也許她的冷漠，是認輸所形塑出來的樣貌。她早就打從心底認出來了，只是要給自己更多時間，認輸。

　　她說，從那時候，她就有股想要回家，看看母親的衝動。

　　我的困惑就像她的衝動，是一種神秘的力量，如果找到出路，就能找到回家的路。

　　她再修正說法，對他說，她不知道是想回家？或者，想回家看看母親？

　　他想著，帶著不安，看來她在這個修正裡，再度把問題拉回疑問句，這一切的發現，都還是不確定的東西，都還是外來者等待免疫系統啟動，將這個發現趕出家裡，然後她再度離家？

當滾石長出一片青苔
就不再翻滾了
當額頭擠出了三條皺紋
宣稱天條互不侵犯
就不再年輕了
這是什麼道理啊
有誰還認真相信時間嗎
一分耕耘
就有一分收穫

32・汗水的退路

汗水，從額頭不斷地滴下。

他對她說，已經沒有退路了。聽起來好像一輩子都是在走退路，就是一直走卻是退路，到底要退到哪裡去呢？

她聽到的，更像是他連出路也不見了。

我納悶著，如果條條道路通羅馬，到底有什麼路，可以走到已經失去的時光呢？愈往前走，愈將以前的時光走掉。但是大多數人都期待走回以前的時光，這不是吟詩作對，而是結結實實和以前的時光打交道。

汗水仍不斷地從額頭冒出來，它只有從臉頰往下流動的路。他說，他真的找不到退路了，雖然他一直告訴自己，還是再等一下。他的臉部肌肉是緊繃的，每條肌紋是一條長路，通往不知明天的未來。他說，如她所知的，他實在忍無可忍了。

我感受到，他意圖傳遞的是，已經到了最後關頭，他已經別無選擇。我一直努力要讓自己能夠保有更多的想法，任何想法都沒有關係，只要不是變成沒有出路的感覺。好像他的沒有出路，也把我的出路堵死了。

她仍然在茫然若失的迷霧裡，聽他重覆地表明，已被逼至窮途末路，而她並未能充份理解，何以走至這種

感覺。她想著，如果在迷霧中，也許需要的是往暗黑的遠方走過去，那是前方清楚的路線，只在白色裡摸索白色，很難談得出什麼是前進。

他的額頭仍然不時冒著汗水，雖然是初秋略帶涼意了。他說，很想聽聽她的意見，他真的不知該怎麼做。

我發現，他不但把出路阻塞住了，也把「不知該怎麼做」疑問句，變成了最大的拒馬，不是一條一起思索的大道。

她發現這種談話頗辛苦，每次總是一點點，總有什麼東西，隱身在某個地方，難以捉摸是什麼？她盯著他的汗水，引來的是不解，她好奇地自問，他的汗水更像是溝通的渠道，到了下巴，在臉上就沒有出路了。她對這個比喻頗好奇，是避免自己被捲入漩渦的最佳方式。

他仍等待著她，他直視著她的眼睛，要在她的眼神裡，找出自己的樣子。他對她說，他知道自己的問題很複雜，還不清楚很多細節，但是那種感覺卻一直綑綁著他。

他的眼睛緊盯著她的眼睛，在搜尋著什麼東西？他還有什麼要說，卻在吞口水後，連話語也被吞了回去。

她覺得自己無法提供，他想要尋找的東西，她也無法確定他要找的是什麼？因為她接收到的是，沒有說出來的訊息，更像是她無法提供任何東西給他。

我想像，如果汗水是某種傳輸訊息的管道，他說沒

有退路了，更像是汗水一直冒出來，只能一去不回。

難道沒有「退路」，與沒有「出路」，是兩件完全不同的事？我不想落入言詞表意的辯駁裡，對於他的陳述和神情之間，不同反應所流露出的不同聯想，卻是挑起不少的好奇。

他仍然是急迫的表情，好像從她的眼睛裡，有了重大的發現，但必須克制自己的欲望。汗水仍是令人難以理解地流著，他不曾試圖去擦拭它，他像是在水溝流經的區域之間，努力要利用汗水灌溉臉色，耕耘出某種答案，做為找到退路的途徑。

他說，記得很小的時候，有一條水溝流經家門前，他常常不敢接近那條河，後來，長大後，卻發現那條溝渠竟是那般小。他對於當年的膽怯，浮現出很羞愧的神情，這羞愧卻可以灌溉整個臉的每一條肌肉。

她卻浮現自己的羞愧，覺得無法幫上他的忙。

聽他如是說，她的肩胛骨突然往下沈，她發現，肌肉的牽掛，突然放鬆下來，雖然他仍是傳遞著，他沒有退路了。如果給他出路，他會如何反應呢？

或者，問題不在於找到退路或出路，只是問題在哪裡呢？她的肩胛骨突然開口說話似的，怎麼連身體也出手呢？

我想像，他所提及的門前溪流，被複製在他的臉上，從他黑色的頭髮森林裡，匯流了不知名的汗水，然後從

臉頰地表上流過。也許當他說沒有退路時，他記起兒時的門前溪流，是否也同時宣稱，他早已有了退路？如果兒時的門前溪流和記憶，已經流浪到他的臉龐，並催促他要談談這些記憶，他將如何處理這種身體的記憶呢？

我的想像當然只是想像，我在他的故事裡找出路時，浸淫在故事裡，又如何有我自己的想像出路？如果我沒有想像的出路，我雖然走進他的故事裡，卻走進我自己的死巷裡。

他仍然忽視這些汗水，他是處在另一個不同的世界。眉頭緊鎖住他的注意力，他的心思仍在納悶著，他對她說，很奇怪的感覺，兒時記憶中的那條大河，卻只是成年時所見的小水溝。

她想著，他重覆述說被逼得沒有退路，也許是他不想讓自己確認，兒時記憶的大河，的確只是成年時的小水溝。她仍然不解的是，何以這個確認，讓他如此窘困不安，使得他只能先將自己困在沒有退路的局面。那是僵在某種情境裡，或是退回到某個隱密的避難所？

我突然想著背叛的問題，也許他的記憶背叛了他自己，大河變成了小水溝，像期待母親愛的大河，卻只浸在奶水不足的小溪裡的愛。他先行退回到兒時的記憶，某種難以描述的記憶。他的臉部圖譜，是兒時家鄉的地域與記憶，秋天裡仍然溪水流動。

他直視著她的臉龐，順手將自己右臉頰的汗水拭掉。

三十年前被拋棄的想法
擠壓自己成一首詩
吹起亞熱帶的風
滿身是汗
努力爬過別人編織的夢想
卻被折磨成不堪寂寞的
文字標本
部首都被矮人一截

33 · 孤單的祭品

　　他始終堅持，人情，如同紙張薄。

　　是否再依約找她談話，他其實很徬徨，站在車站外，他看著人來人往，想要捕捉一些什麼。陽光任意撒佈在馬路的招牌上。他瞇著眼，想要看清楚那是什麼。這些原本無關自己的人和招牌，都突然變得活躍起來。

　　他對她這麼說，前陣子他刻意保持獨居，不是第一次如此做，只是仍然帶著恐懼的心情。落寞的表情站在街頭，等待著陽光，他抬頭看著那塊招牌，並不是很在意上面有什麼字。他說，他是很害怕孤單的人，孤單總是讓他想要緊緊抓住什麼。

　　這讓「抓住」的受詞變得很多樣，乍見好像什麼都可以，只要在心中覺得是手掌握住的感覺；卻常在不久後發現，手掌中什麼也沒有。他甚至不知道原本掌中的東西是什麼時候消失了？更可怕的是，他不知道那些東西以什麼方式不見了？每每想到這些，他心中就立刻伸出一隻大手，在虛空中抓啊，抓啊。

　　她並不全然知道，他是如此掙扎。她試著想像，他的困境是將自己塞入恐懼裡，尤其是當他說刻意讓自己保持獨居。她還未了解，何以他不時地以恐懼來網羅自己。

　　我想像著，是否另有比恐懼，更令他覺得困難的情境與情感？當陽光照著孤單，它的影子會是什麼樣子呢？當陽光照著招牌上的文字，反光照在孤獨，又會是什麼樣的反光呢？

　　他對她說，每次以為抓住了什麼，總是很高興，以為找到了最後的結局，人生的最終結局。他並未顯得高興，而是在灰色上再加入落寞的染料，他抬頭看了她一眼，在搜尋有什麼是他可以佔據的神情。他說，其實白天都還好，可是到了晚上，空下來的時候，莫名的鬼魅，隨即鋪天蓋地來臨。

　　她有些動容，彷彿她也走入巨大的空洞裡，莫名的鬼魅散佈在每個角落，如同馬克白（Macbeth）受制於鬼魅的苛責。她告訴自己，並未虧欠他任何東西，但是對於他的困境，在陽光裡尋找影子，她發現自己的好奇，居然可能就是那個影子。

　　我想像，孤單的影子，如何面對強烈陽光？孤單時想要緊緊抓住陽光，或者抓住黑暗？當他說，到了晚上，莫名的鬼魅即鋪天蓋地而來，他也說，有時故意讓自己保持獨居，這兩者意指他害怕夜晚，或者他其實是在等待鬼魅？心中的事情總是很清楚，卻又是可以全然不知，有什麼還在暗處角落？

　　他對她說，有些時候，他讓所有朋友任意地來他那裡，讓家裡如春節過年那般，隨時有人來拜訪。他並未

顯得開朗，好像鬼魅仍在身上。他想要看清楚招牌上的字眼，但是陽光過於刺眼，他只得放棄。他說，那種日子卻讓自己覺得，只是在應付朋友，沒有自己的時間。

她發現自己，變成沒有鬥志的人，只能站一旁，空等著他替自己做決定，何者才是他最想要的生活風貌？更像是他的鬼魅已挪移至她身上，她不能做自己，只能跟著他深深地無力感。

他沈默著，氣氛變得有點怪異。他說，當他覺得沒有自己的時間時，總讓他感到很窘迫，好像自己不見了，被埋沒在別人對他的期待裡，每種期待都突然變成陌生人。他以右手背擦拭了嘴角，要確定自己是存在的。

他說，孤單時，自己變得很明顯，太明顯了，如同屋外刺眼的陽光，他無法處理這個明顯亮眼的自己。因此，他只能站在原地，看著天空，在尋找什麼，卻更像要把那個明顯的自己，藉由他望向天空時，徹底忘記原來這世界還有個自己。

我想像著，當他面對孤單，那個如此明顯的自己，變得手足無措時，他想趕緊擠入人群裡，雖然陽光總是很刺眼。

影子總是在他孤單時，變得更加明晰，讓孤單變得更加沈重。就算影子是陪伴，也是讓呼吸變得凝滯的伙伴。

他對她說，幾乎無法呼吸的感覺，讓他只想趕快在

空中尋找有空氣的地方。是啊，是在空中，空空洞洞的空中，尋找可以呼吸的地方。他平靜地談著，好像那是談論另位朋友的問題。

他平靜地強調，很難形容那種感覺，但它卻相當的具體，就像他的平靜裡，有了一層一層很具體的不安。

她也許有些了解，當幾乎無法呼吸的感覺，如巨石般，延伸瀰漫至陽光照得到的任何地方，也許這讓他想要躲藏，而在眾人面前的來來去去，送往迎來裡，讓他又覺得失去了自己。每次想要做自己，結果卻是失去了自己。

她告訴自己，不論如何，她最好在陽光和黑暗裡，找到另一種世界。她需要假設，在光明和黑暗外，還有其它世界。

他再次對她說，人情薄如紙，每當他無法忍受孤單，又想找以前的朋友時，他們都閃得遠遠的，好像他是瘟神。他甚至為了這種感覺而研究「瘟神」這個角色。他只是不願再透露，他到底對於瘟神是什麼感受？到底離他有多遠？

我想像，遠古以來，瘟神是沒有人情的，甚至，人必須以另一個人做為祭品。如果他確是瘟神的現代版，他不願意扮演那個角色，他總以自己做為祭壇，讓孤單的自己做為祭品，祭拜那個在眾人面前即會失去自己的人。這讓他努力地招待朋友，彷彿是場祭拜的儀式過程，有

人唱歌，有人跳舞，有人吃著祭壇上的供品。

　　他對她說，這些朋友總是白吃白喝，但他有需要時，都躲得遠遠。他再次把自己擺在瘟神的椅子上。

　　那麼，這個時候，她是什麼呢？

後記————

　　一如百年前，宣稱歇斯底里是每個人的一部分，但是自戀、邊緣、抑鬱、不滿和空洞，並非是那時代的事件，只是在精神分析裡相對於歇斯底里，是較少替它們寫下文字。

　　這些篇章裡的文字只是某種紀念，紀念自己的心情和想像。大都是在2010年9月裡完成初稿，註記著曾經歷過的某些想像，後來再於2014年1月以及2015年8月修改，直到這次出版時的修改定稿。

　　時間是往前走的，這些文字在未來會再浮現出它們的意義，尤其我們花更多時間盯著它們所展現的現象時。我們會愈看愈細緻，心理的空間會愈擴大，這是我未來其它書要開展的另個出發點。

　　仍值得再聲明，這不是個案報告論文，也不是值得你依著文字照著做的技術手冊。

　　風不會說自己要起步了，但我想說，需要明目張膽地走向，自戀、邊緣、抑鬱、不滿和空洞的領域，這需要很多文字的牽掛，有文字的未來，也是未來的文字。

路過小時候的故事
它二話不說
被丟進床鋪底下
左上從中間算起第三顆乳牙
當小於一公分的紫花
爬滿地
替春天說好話時
它就起身在暗黑裡
摸索還沒走到的青少年

雜 / 文

[只因多方想像，所以雜]

誰說
暗夜喜歡隱隱作痛
沿路默默招呼
兩千五百顆閉眼的星星
一起出場咀嚼
路旁被遺棄的多重心酸
吐出兩口迷霧
圍繞不知是誰的心事
出手雕刻
嘴角旁
寂寞的詩成跛腳的臉紅

語言的困境

自戀和本能相遇，如何說哈囉和再見？

　　佛洛伊德當年的《論自戀：引言》，開啓了精神分析後設心理學的新視野，從精神官能症，走進精神病的深度心理學。不過，佛洛伊德只是引言而已，從臨床實作的角度來說，我認爲當我們想要以「自戀」這兩個字形容個案時，就意味著那是語言無法抵達本尊的地方，雖然精神分析仍需要語言來述説它。但是我們只能和自戀的本尊所派出來的分身或再現交手，而且只要從我們的口中直接説出，對方是自戀的，就表示這場治療的戲碼，已經被治療師玩完，準備要棄守了。那麼，「自戀」這兩字的存在，是爲了什麼呢？也許我這麼說，仍不是很容易了解，因此需要以下五個版本的説法，來接近我們日常用語裡的「自戀」。

[談自戀 A 版本]

精神分析是種修行嗎？

　　這個子題是有些奇怪，是的，就先以奇怪的命題出發。尤其是要談「自戀」這個困難的主題，到底它和日常生活裡常聽到的要「做自己」有何同或異呢？不過，做為臨床家的特權是有機會，透過診療室裡，個案重複再重複要「做自己」的課題，來觀察到底這是什麼意思，以及這跟我們要談的「自戀」之間的關係。這個線索只是起點，仍需要先回到精神分析後設心理學的脈絡。

　　其實，這個標題是未來式的命題，它跟「自戀」主題的關係，要以後才會更明白。此刻我只是先標示出來，不過重點不在修行，而是在精神分析會是什麼？此刻，我只能先談眼前正在發生的事，但總是對未來有些想法掛在心中吧，不說出來，也就不會知道。雖然我知道，今天的主題是「自戀」。

　　先大膽提問，人世間果真有「自戀」這種東西嗎？或者純粹只是藉著語言和行動，所圍事出來的事情？不過，佛洛伊德還是談了「原初自戀」這種想法，這是什麼呢？我們真的能夠了解它嗎？它以什麼樣貌存在？有百分百純度的它，可以讓我們感受嗎？或者唯有比昂

（Bion）提及的，自戀和「社會戀」（social-ism）是同時存在的，我倒想再推論，不只同時存在，在人世間的實情上，是兩者依著不同比例的混合，而自戀和社會戀各自百分百純金般的存在，只是烏托邦嗎？

或者如溫尼科特（Winnicott）所說的，沒有嬰兒這件事，有的是母親和嬰兒。如果我進一步解讀，一如「是否沒有自戀這件事，有的是社會戀和自戀」？那麼我這些話能夠指涉什麼，讓我們觀察、欣賞和想像嗎？

我會在不同時空和想法裡來來回回，需要來來回回，只是為了這個困難的主題，什麼是「自戀」？先回到我在其它文章曾說過的：

「以narcissism為例，佛洛伊德在1914年以〈On Narcissism: An Introduction〉引進這語詞，以前是Narcissus以美男子的名義活在希臘神話裡。他甚至拒絕美麗的回音女神Echo的親近，而一直看著水面裡自己的倒影，後來掉下水中，變成一朵水仙花的故事。這是美麗的故事，讀者不太會苛責Narcissus的舉動，何況他淹死後還是成為美麗的水仙。但是當佛洛伊德以水仙花的故事，來說明人性裡有這個領域，是人要讓自己永遠傳承下去的力量。

佛洛伊德以神話故事來描述，人們有這種只愛著自己影子的可能性，但是佛洛伊德把這字眼拓展成，具有原始的性學和精神病的特質傾向，也把愛情裡加進了有

narcissism的風味。雖然神話裡，回音仙子和Narcissus的愛情是失敗的結果，卻蛻變出水仙花，佛洛伊德在這篇文章並不強調，那些死亡的傾向也頗有生的蛻變味道，但他在希臘神話所描繪的神話意義裡，加進了個人臨床觀察的推衍。

以這些事例來看，我相信在未來，仍會有其它的情況會出現，或者會把narcissism推向更狹窄的定義，以容易捕捉這個語詞想傳遞的內容。但是如果這樣的話，也從以上的說明裡可以看出，一個詞的被運用，是某種程度的回到歷史的牽連，但又被增添了其它微妙的內涵。

也讓1968年起，美國的精神醫學診斷條例（DSM）藉由 narcissistic personality disorder 的語詞，把 Narcissus 帶進精神醫學的診斷裡，不過已不再與美麗有關了，而是強調只愛自己，會掉進水中淹死的比喻情節，也不會死後長出美麗令人懷念的水仙花了。也就是，從神話到心理學，這語詞的某些部分被棄置一旁，例如 Narcissus 的美貌。這是一個語詞的演變，當我們把它譯爲『自戀』，雖然這語詞的翻譯並沒有引發我們的爭議，當我們使用『自戀』這詞語來談論心理世界時，雖然我們常說『戀愛』是愛的過程裡的某個階段，但何以不是被以『自愛』的翻譯呢？或者我們會覺得『自愛』是愛嗎？這是從我們的語詞『愛』的定義而問出的疑惑。」（引自本書：〈關於翻譯：以『精神分析』來了解psychoanalysis是可能的嗎？〉）

　　一如精神分析取向實作的過程，當我們知道了伊底帕斯情結或自戀的理論後，雖然仍只能先從目前此時此地談起，但是我們仍然無時無刻盼望著，哪一天能夠走到「伊底帕斯情結」啊。這可不是開玩笑，也不是只以比昂的「沒有欲望與沒有記憶」來搪塞，依我的解讀，比昂會提出來這個立場，並不是大家都做到了，而是大家都做不到，因此需要立這個文字碑，讓來來往往者能夠看到它。

　　那麼我是如何理解「破壞本能」和「破壞的自戀」？它們到底是什麼呢？破壞是針對什麼而說的？一般說法裡有大破大立，但有某種破壞一直被當作是問題時，是因爲缺乏後續的大立？是從誰的角度來說的呢？是誰在破壞誰呢？

　　這和臨床工作有什麼關聯呢？它是我們需要的概念嗎？「破壞」和「破壞的自戀」，在臨床現象上的差異是什麼？何種情況會讓我們覺得「破壞的自戀」在展現呢？我們是依著哪些跡象做成這種判斷？我們如何區分跟自戀無關的破壞？或自戀是無所不在的，如同佛洛伊德所說的「原初自戀」，那麼當自戀遍及生活的所有細節，我們談論「自戀」這語詞還有什麼意義嗎？

　　我引用的這三篇參考文章（見後記），首先是臨床的負向反應和自戀有關，不過佛洛伊德原本是以這種反

應是死亡本能，但是當說那是自戀時，就有了自戀和死亡本能的關連。這種自戀的現象是有破壞力，因此被當作是「破壞的自戀」，也就是，什麼情況下我們會說某種破壞是破壞本能在運作，而不是一般的破壞？是指重複性高，影響生活層面大，而且總是讓人覺得多說也無用的感受？「我也沒辦法」的強烈感受，是佛洛伊德說的負面治療效應裡的死亡本能？

　　不過，還是得回到一個很基本的實作課題，什麼情況會讓我們需要把「本能」這個如此難以捉摸，甚至不可能被五官察覺的語詞，做為我們要談論某些臨床現象的說詞呢？當我們搬出本能的語詞時是慎重的嗎？或者更像是展現我們做為治療師，是多麼無能為力的感覺？

　　因此「本能」，尤其是破壞的本能被搬出來，上演一場注定的悲劇？或者只是跑跑龍套，做為我們趨近更深沈挫折的串場？我們就是需要這個術語做為平台，不然我們根本就只能無言的嘆息，嘆著不知道是怎麼回事的氣？或者所謂破壞本能的平台上，就是圍繞著各路來的嘆息聲，路過者也可以輕易就感受到的無奈，一如我們常是在和個案會談不久，就會想著，這個人怎麼這麼自戀？

　　或者覺得這個人怎麼充滿著死亡的氣息？只有不斷地破壞，無止盡的破壞，但是有一個很重要的問題需要被問，何以他們仍能活到此時，自己走進診療室裡？無

論他們是想要什麼，或者不知想要什麼，但就是覺得想來說話，想來知道有另一個會聽他說話的人，就算他多麼強烈地想要把對方搞壞掉，但是能來診療室並且維持著這種相信，「可以把對方搞壞」，這種相信是什麼力量呢？

如果有人笑說，難道精神分析就只是搞性，搞自戀，搞本能，再加上伊底帕斯情結，然後就搞定一切了？也許我們會如佛洛伊德自嘆著，精神分析總是惹毛了人們，只因為他的論點是第三種對於人類自戀的衝擊，然後這樣就解釋了精神分析的命運了嗎？我們做為精神分析取向者的志氣是什麼呢？畢竟，佛洛伊德所描述的，人類有史以來對於人的自戀的三大衝擊案件，除了他的論點是第三案之外，前兩案件是天文學家伽利略和演化學家達爾文的挑釁。

當伽利略說太陽才是中心，地球只是圍著太陽打轉的星球，這可是嚴重的冒犯了地球是中心的主流論點。這差點讓伽利略被架上絞台。至於達爾文對於人的自戀的冒犯，是在漫長的人類史裡，人不是一直是人，而是可能由其它物種演化而來。伽俐略的假說後來發展成天文學，達爾文的演化論至今仍佔據著物種變化的主流論述。

也就是，現代人覺得伽利略和達爾文說對了重要現象呢！那麼，佛洛伊德的論點會走向伽利略和達爾文的

命運嗎？那是誰的責任呢？佛洛伊德舉了這三個重大案件，難道只為了說明自己也有很偉大的發明和發現，或也有意圖覺得自己論點的命運，至少也能步上俐伽略和達爾文的後塵？

畢竟發生了這麼重大的三個案件後，人並沒有被這三大案件所摧毀，人還是活著，活下來，繼續生存著是證明了什麼呢？就算是有對於自戀衝擊的大案件，仍是不足以完全摧毀人類，人們還是活著和活下來，繼續展現人原本有的自戀，是否對於人類整體來說，這些重大案件的揭示，並不足以毀滅人類，但是就個體來說，這種對於自戀的衝擊，是否會有不同的故事呢？

這涉及了精神分析只談個體嗎？群體呢？佛洛伊德曾談群體心理學，以及比昂的自戀和社會（群體）戀，雖然目前流行的說法「做自己」，幾乎是不能任意被撼動和質疑的說法，但做自己是什麼意思呢？和我們談論的自戀之間的關係是什麼？兩者間的地圖是同一國度，或是海中的兩個孤島？如果以大海來比喻，無論是多麼遙遠的孤島，兩者之間總是有相連的所在，這個所在是群體嗎？一如相同社會，同一個家庭裡，個人也是如此模式？

那麼，精神分析的個體主義，需要談論多少深層海底相連的海床呢？畢竟除了南北極浮冰，沒有孤島是如浮冰般漂浮的。

　　就算有了前述三大案例衝擊人的自戀，但是結果並沒有將自戀沖走，因此這三大案件不是洪水，不需要讓人另再造方舟來求生，而是在人生的茫茫大海依然以自戀來生存。讓自戀就地成為一艘方舟？如果是這樣子，在洪水消退後，回頭來說自戀是眾多人生問題來源，這是恩將仇報嗎？這種比喻有重大的漏洞嗎？這對於我們了解自戀是幫忙，還是幫倒忙？

　　「自戀」會肯束手就擒嗎？或者說，自戀的力量就足以造就了一個孤島，社會群體裡的人際孤島，不只是漂浮的方舟，而是如海中孤島，自然有了自己的生態環境的發展。

　　因此還是勞煩了精神分析者，如克萊因（M. Klein）、寇哈特（Kohut）、葛林（A. Green）、溫尼科特等出面，想來相救，他們是搭著各自打造的方舟，活著自己的故事和命運？或者他們是各自的孤島，我們是搭著方舟的人，在孤島間流浪採集地方誌裡感人的故事和理念，再以我們自己的方言，來翻譯這些故事和理念？也許這些故事和理念，如同比昂描述臨床實作過程裡，浮現的「被選擇的事實」（selected facts）所打造成的島嶼？他們是各自圍繞著自戀的人性島嶼，在相同屬性的島嶼上，描述著自戀的周遭景緻？或他們描繪的風格和周邊風景不同的島嶼，只是湊巧取個相同的王國名稱？

　　而我們只能以自己的方言，翻譯採集到的故事和理

念，甚至這不是大家想像中的，社會裡共通主流語言的翻譯。這是免不了的過程，至於實質在心中發揮功能的是，每個人以自身習得並累積的方言來了解這些情況。這種說法也許更貼切，更眞實，也就是說，我們除了以被中譯出來的文字，來了解和想像外，還有其它我們自身特有的母語和興趣，以及風格所累積起來的複雜方言體系。

　　這不是一般說的，發出聲音的台語、客語和原住民語等而已，而是在人生過程裡，以這些爲基礎再捲進來攪在一起的每個人自己的方言，是最後決定著我們所採集到孤島上的故事和理念的意義。故事也很重要，是每個人不同經驗帶來的情感因子隱藏的所在。例如，接受不同國度的訓練、不同督導等因子的影響，這些影響比能夠想得到的還要更深刻，因爲那些涉及情感的交流。

　　如果這樣子，那怎麼辦呢？不同的特性和強調，卻有著相同的「自戀」的國名，這會發生什麼事呢？是否如同我的經驗裡，例如，我的布農族朋友和他的阿公及阿爸有相同的名字，但是朋友的媽媽叫著三個不同人的名字時，回應的人並不會答錯，是她每次都叫對人名，或是三個人都聽得出那聲音是呼喚他，這隱含著口氣情感和場合，或者是隱含著不同比重的尊敬和愛意？

　　好吧，我們在臨床實作的過程裡，浮現要稱呼某些場景是「自戀」時，我們是叫著公公、先生或兒子呢？

或根本就是相互陌生的三個人，只是硬被我們湊合在一起？它們之間合得來嗎？它們說著相同的方言嗎？是否湊巧地，只有「自戀」這兩個字的發音是相同的，但是各有自己的家族史，不同的命運在等待著它們，有些像是風馬牛不相及的「有」關係。

另外，是否溫尼科特描繪「假我」時，就意味著他是書寫著「自戀」的衰亡史？這可能是接續佛洛伊德所列舉的，對於人的自戀的三種打擊之外的第四種？「自戀」如何容忍爲了活著和活下去，而需要有僞裝，這對自戀是最大的打擊？這種打擊猶如死亡才能忍受，是否這種死亡的結果，讓假我的發展史就是自戀的衰亡史？這也是造就了死亡本能的兄弟，或者這種死亡本能就是自戀的本尊，自戀只是它的化身？

從精神分析史的發展來看，當我們談「自戀」的好或壞，創造或破壞時，就像是自戀本身具有天使和惡魔的可能性。加上分裂機制的運轉，使得當「自戀」是天使時，就失去了惡魔；當「自戀」只偏重惡魔時，天使就消失了。是否這種原始的分裂機制（splitting）的作用，加上「自戀」的雙重特質，使得偏重一方時，就失去另一方。而這是最原始的失落、悲傷和抑鬱的起點，比佛洛伊德後來在《哀悼與憂鬱》裡，所提到的完整客體，例如父母親的死亡，所帶來的失落和憂鬱的論點還要更原始？

　　值得疑問的是，何以目前當某些讓人不愉快的態度和舉動，會讓我們命名那是「自戀」呢？這些都是如此活生生出現在互動過程裡，不過就臨床經驗來說，這常是當事者不自覺的現象，或者這裡所說的「不自覺」還不夠貼切和精準，而要說這些都是「自戀」在衰亡的過程裡，所遺留下來的梗或骨頭，硬梆梆的，如同刺那般，在人生的互動場域裡，我們說它是老梗，老是重複出現相同如刺般的硬梗，但它卻是最嬰兒的哭聲……

路過小時候的故事
花了大半輩子的力氣
一朵小花
留著三滴小雨
為了很久很久以前的故事
說出來的時候
還有溫柔的淚珠
閃閃爍爍

[談自戀 B 版本]

自戀和感恩的故事，搭得起來嗎？

　　以下這些感謝是必要的嗎？是屬於精神分析取向專業職人的嗎？甚至是我有必要在這公開場合談論這些涉及私人的事嗎？如果從克萊因的書《欽羨與感恩》（Envy and Gratitude）來看，她是預示了一條漫長的路，只是仍得思考另一個命題：「感恩」，會是精神分析的目標嗎？或者只是一個副產品？

　　精神分析應該要另立一個更中立，不抱期待的目標，那是什麼呢？只是分析，不必做任何的總結，或者精神分析取向的心理治療才需要立下目標？這是如何想像的呢？

　　也許重點是在於，我們如何理解「自戀」是什麼？不論是否有了基本的認識理論的定義，但是仍得回到，是什麼情況下，我們會浮現「自戀」這字眼，用來形容個案？那個過程是怎麼發生的？治療師浮現「自戀」的想法，是要解決什麼問題？是覺得找到最終的因子，來解釋個案目前的困境？

　　也值得想的是，「自戀」的判定是日常生活裡的常識了，任何人都可以輕易判斷對方是不是自戀，那麼，

做為精神分析取向的專業職人，我們除了判定外，我們需要有什麼能力和裝備，可以讓我們和一般人有所不同？這些是什麼呢？

如果就處理破壞力來說，克萊因推衍出來的結果是「感恩」，那麼，我們是觀察某人有多少的感恩他人，來推論對方的自戀有多麼原始嗎？愈不會感恩他人的人，愈是原始的自戀？或者自戀有不同程度的區分，如光譜般不同程度的自戀嗎？如何再仔細說明，這些差別之間是如何形成，如何影響眼前並左右未來？

我就由這個想法談起吧。

以日常用語來說，這是一件奇遇吧？這場在台中舉行的精神分析工作坊，原本我只是預設做下午場的主持人，後來因為林玉華臨時有事，許宗蔚因此打電話給我，詢問是否改由我談論一些理念？我也同意了，我並沒有更改玉華的參考資料，那是原先預定的主題，但我修改了題目和文宣說帖的內容。

整個過程裡，幾個有趣的現象看來不是直接相關，但不是嗎？我覺得不一定，因為這影響著我如何在短時間內，談論克萊因學派的「破壞的自戀」這個概念，如何談才不是只帶來破壞呢？這是我一直放心頭的疑問，是我給自己的疑問。談定題目後，宗蔚問我，她如果要請我喝紅酒，問我喜歡哪種品牌？我起初忘了，也許是覺得歹勢而忘了吧，但是真的忘了，後來查了孤狗，大

神告知我是喜歡某種葡萄品種，而不是單一的某酒莊商品名。

　　另我被告知，談論內容需要和其它理論有相對應，因此我也和林俐伶對這議題有些聯繫交流，感謝她提出寇哈特描述催眠的例子。當某位在場者看著催眠師催眠某個人，暗示他在醒來後打開傘，後來被催眠者在某個時候，雖然外頭是太陽天，他不由自主地想著，接下來快雨天了，他就先來檢查一下他的傘是否完好？他就撐開了傘。如果有另一位中途才來的觀眾，只看見那撐開的傘，沒看見催眠的場景，那麼後來者對這位被催眠者撐傘的動作，就會有不同的想像。

　　俐伶以這個模式來說明人的行為和情感，是如何受早年經驗，如同被催眠般的影響。這個例子讓我反而因此得以接續另一個主題，一直放在心頭上，覺得需要再深入的，「分析的金和暗示的銅」的技術和態度主題。不過，這是另一個主題了。

　　至於我個人的經驗是深受克萊因學派的影響，包括個人分析師和督導，但是不只如此，我深知自己也受其他人的影響。我保持著某種態度，假設就在克萊因的想法裡，是可以有機會想出其它的出路，對我來說，有佛洛伊德才有克萊因，有克萊因才有比昂。另外，在台灣是當年有一群人，在談詩和論電影裡，兼談了佛洛伊德，才有今天的焦點，我想的是這條長路上，跟誰在一起往

這個方向走是更重要的，而不是精神分析是什麼？但是偏偏精神分析又真的很重要，重要到整條人生路上都是它的路標，那麼，我是要走到哪裡呢？

談這些個人的事例要表達的是，感謝。

接續談談本次工作坊的實質內容。我所列舉的三篇參考資料，是沿用玉華的資料，從談論「負向的治療反應」來說，是佛洛伊德切入談論主張有「死亡本能」的起點，因此當H. Rosenfeld標題是談，負向治療反應的自戀，或破壞的自戀與死亡本能，除了是承接克萊因的基本說法，也傳承了來自佛洛伊德的主張。但這是什麼意思呢？史泰勒（John Steiner）則是藉由自戀的特性者所呈現的客體關係，和人格違常的定義相串連起來，讓客體關係和人格違常等同，這是將古典精神分析從歇斯底里的精神官能症，往前推進到人格層次的觀察和處理。

我好奇的是，什麼是「本能」？什麼是「自戀」？雖然這已經是常識般的日常用語了，但是我們是用什麼來理解這麼抽象的存在？雖然有了字眼後，好像就被具體化了，但這不是實情，我勢必是透過系列的景象做成歸納，說這是自戀，這是本能，但那是什麼？在精神醫學診斷條例DSM裡，有自戀人格的定義，但那些定義就能捕捉到自戀的本質核心嗎？

或者談論自戀，需要以本能概念來說明嗎？這是兩套不同語意系統，涉及的是，如果自戀是目前覺得問題

所在，是要處理的問題所在，可以如DSM的定義，傾向以外顯可觀察的因子來定義，但那是以現象學的認識而形成這種定義，能夠幫助我可以發展什麼技藝？能夠運用來幫助個案嗎？加上本能的概念，能夠讓我更多了解自戀是什麼嗎？是否只是多了一個累贅呢？本能概念，只使得自戀所指涉的內容變得更不可解，或多了一個面向來了解自戀？

「本能的攻擊」，是什麼意思呢？例如，克萊因以佛洛伊德的死亡本能的展現是破壞本能，這是「本能的攻擊」的一種說法，不過我先試著回到臨床常見的現象，來說明當治療師覺得個案的某些攻擊是不可理喻，或是很本能式的反應，這是意味著，還無法從個案所陳述的故事裡，想像和找出他們會攻擊的可能緣由。

是否本能式的攻擊，比喻上其實是比較接近，當一個人在人生大海裡要下沈了，因此本能地以手腳或動員全身的方式撥弄海水，只是為了讓自己不會沈下，不會死去。也就是，只是為了活著而做出的一些動作，如果有客體在旁邊的時候，這些動作就會讓人覺得，這個人的求生動作像是在攻擊他？

這個例子是要說明自戀這件事，如果其中有攻擊，是否比較接近前述的例子。雖然在一般的人際互動裡，由於常是因為有一些前因的事件發生，讓個案出現的那些不滿和攻擊，被感受為是對那事件的不滿而做出的攻

擊，不容易被想像裡面藏有一些重複發生的不滿，像在
人生大海裡快要被淹沒時的求生動作。這種情況也常會
發生在個案對治療師的移情反應裡，雖然不必然所有的
攻擊，是屬於這種接近本能般的攻擊，或是自戀的求生，
不過，對於那些早年經歷創傷的個案群，倒是常出現這
種很接近自戀式的求生模式。

　　談論克萊因很難不聯想到當年，她和安娜佛洛伊德
在二次大戰期間的激烈爭論。但我不想捲進1940年代的
爭議，那是發生在英國的事，我更想從留下來的文字裡
思索一些事情。首先，我希望的爭議都是從佛洛伊德談
起。但是什麼是佛洛伊德？在這場爭論裡，是有不同的
想法，無法在此細談，我只是表達感謝，我至今的獲益
就是在這些爭論[1]裡。

　　但提醒自己，保持思考，一如比昂所提到思考理論，
對我來說，那不只是理念，而是工作上和分析學會的關
係，以及和日常生活裡的某些想法的關係。我因有想法
而存在，但早就不再只是笛卡兒的「我思故我在」，而
是在精神分析的思想裡過著日子。這是侷限，也是無限，
愈想愈細，就可以在狹窄電子之間放進無數的書，這是
做為精神分析取向專業職人的命運。

　　任何語詞都不是隨便存在的，都有它要指涉或者劃
定的工作和想像範圍，以及想要有所改變或蛻變的期待。

1.《佛洛伊德-克萊恩論戰，1941-1945》，作者：珀爾‧金、呂卡爾耶‧史岱納，譯者：
林玉華、蔡榮裕，聯經出版，2014。

雖然這種為了個案好的欲望，如佛洛伊德提議的「需要節制」，但這個提議至今仍是值得思索和觀察的說法。克萊因從死亡本能裡，取其破壞力的一面，談論「破壞的自戀」，而從她建構的理論「憂鬱形勢」（depressive position）（我如此中譯是因它有形、有勢和有方向），是一種能夠感恩的意思。但是什麼是感恩？其實這才是重點，也是帶來爭議的地方，是否和佛洛伊德提議的節制有抵觸？

而比昂提過，如果精神分析有探詢真理的意圖，那麼他認為的（科學的）真理（truth）是，最後發現原來好客體和壞客體是同一個人。他認為這是人類的重大發現，但是有了這種發現後，人會變成什麼樣呢？他運用了一個語詞叫做transformation，如何中譯會帶來不同的聯想，如果譯為「蛻變」會如何呢？加上後來比昂提出，無欲無憶，沒有欲望和沒有記憶，為了破解執著也就是超我的力量。

至於「破壞的自戀」是位於哪裡？它的存在和原我、超我及自我的關係是什麼？這涉及了當我們總結說，某個案的問題是和破壞的自戀有關係時，這是什麼意思？它會是替罪的黑羊嗎？如果是替罪的羊被冤枉後，它會採取什麼行動做為回應呢？這個想像很重要，因為會影響著我們如何採取下一步的行動，要除惡務盡？或者水清無魚？或者理論還有千百種可能性的思考，如比昂說

的，思想就在那裡，等待思考者想到它，想著它。

　　「感恩」是克萊因後來的目標，是需要穿透「妄想分裂形勢」，讓「憂鬱形勢」有機會發揮它的餘地。克萊因說，人大部分時候是在這兩種形勢之間，來來回回。但是落實在治療關係裡，是它也有餘地，讓妄想分裂形勢仍有舞台來表演它自己，畢竟如果我們說，那是起源於自戀，而且我們認為這句話是對的，那麼它是需要有舞台的，而且是一輩子的舞台，如同佛洛伊德在《有止盡與無止盡的分析》裡，對於原我和自我的關係的想像，那是不可能被趕盡殺絕的。

　　那麼，超我或超我內心裡的「破壞的自戀」，會如何看待這塊餘地呢？那是語言可以抵達的地帶嗎？也就是，說話者能夠覺得自己說到了那種經驗，而覺得就是這樣子嗎？或者它是要走向更難以描繪的所在，人是注定找不到它的？

　　另外，關於前述的自戀概念，引發的技術詮釋的困局，如同當年透過腦傷，追溯出腦部的功能部位，我們目前是透過某人被我們覺得，他很自戀，這好像是那腦傷，讓我們來探索自戀是什麼。或者說目前常是覺得他很自戀，然後我們已有的知識就會自然被灌進來？

　　當我們提到「自戀」這語詞時，我們是在說什麼呢？我們確定大家之間說的是相同的事嗎？是一種很原始的，就是相信自己能夠活下去的意思嗎？或者連自己是什麼

的概念也沒有，就只是一種神奇的能量或者思想，讓自己能活著並活下去，因此周遭給予的乳汁和溫暖，與自戀是相同的、等同的事物；這就是如一般說的人性的本質？

另外，是否想在治療關係裡找歸宿，卻仍是尋找迷茫的鄉愁？對於有創傷童年的個案的鄉愁。當我們談論的自戀，或者破壞的自戀，就是那個難解的鄉愁？或者其實要談的是，比這種創傷的鄉愁還要更原始的某種經驗呢？

路過小時候的故事
兩棵苔蘚植物的爭論聲
什麼是春風
吹在臉上
就算吵得臉紅脖子粗了
腳仍然不夠長
無法勾起
被踢翻掉在落寞牆角
字典的回憶

[談自戀 C 版本]

做爲治療師要眞的相信，
個案不是可靠的早年故事提供者

　　個案像是考古自己的人，挖掘自己的過去故事，找出一些片斷的訊息，就算是完整的故事，也只是人生的一部分。個案會有自己的解讀，來呈現他所挖掘到的材料，但是治療師做爲旁觀者，也是見證者，需要自己的想像和解讀，做爲和個案的解讀並呈的多元說明。

　　通常整個社會或個人，對於精神分析想要說明的那些潛在動機，都不會是完全的信服。這是事實，一如佛洛伊德在《進程的困難》（A difficulty in the path of psychoanalysis）裡，對於「性本能」被文明追趕時，是如何地隱藏自己；依我的說法是，黑暗在光明來時，不會黑暗就不見了，而是黑暗採取了其它的變形，讓眼前的光明更看不見它，它依然存在。這是整個社會對於所謂潛在的意義，也就是，另有人們不知道的因子影響著行爲和感受，而上述的說法，並不是容易被接受。

　　當我們說出這是自戀或這是破壞的自戀前，在診療室裡，個案勢必和我們之間發生了一些事，反映著我們想要多一些了解，眼前的人事物到底怎麼回事時，我們

遭遇了困難。

在這種情況，我們如何能假設個案是個可靠的訊息提供者呢？尤其是早年經歷創傷的個案，是更困難以故事做個可靠的訊息提供者。試想一個人經歷早年的重大創傷，例如在家暴環境下長大，畢竟他們是長大了，才能來找治療師，雖然來找治療師的緣由，常是目前發生了某些問題，或者就算是覺得想要談談小時候的經驗，但真的要談及當年經驗並非容易的事。

其實，治療師是沒有理由相信，個案一定相信治療師可以幫上他們的忙。他們可是經歷實質的困局，並且走過來了，這些經驗是無與倫比的困難，但是他們活著，而且活過來了。內心深處可能是相信，他們曾走過的路，並不是任何人可以了解的，甚至他們也不全然可以了解，自己是怎麼走過來的？

只是治療師在訓練的基礎上，常會很容易推想，個案目前的抱怨和他的過去經驗有關，因此常會傾向要將個案目前的問題，和早年的創傷經驗有關的想法建立起來。只是這種有關係，是一種過於簡化的結論，在這中間有很多可能性，如果治療師採取這個工作假設，期待在挫折時，可以讓個案有所收獲，但這樣的作法，個案卻常會出現阻抗這種聯結。這是臨床常見的現象。

並非個案故意如此，只是這涉及個案在創傷經驗裡的處境，是可以被治療師理解和體會嗎？其實是不太可

能被完全體會，畢竟那些經驗是語言難以抵達的區域，也是個案會固守的領域。那是個案覺得靠自己撐過來的，不可能有別人可以了解的地方，如果治療師很快地要將個案目前的問題和當年的經驗相連，這可能只是讓個案覺得，那些經驗怎麼會是問題呢？那些經驗可是他們能夠活過來的寶藏呢！雖然在表面的語詞上，統稱那些是創傷經驗，但是另一面的觀點，那卻是他活過來的力量集結所在。

如果說那是自戀受創的人們，在創傷裡長大者，可能相信別人嗎？可以被了解嗎？或者會接受他人的說法，認為那是他目前問題的所在？這是難題，很困難的難題，甚至治療師若對個案抱持著「自戀」的假設，大概也會遭遇相當猛烈的反擊，因為那意味著，他以前所做的種種，如果是問題，他何以能夠活到現在呢？因此說他當時有問題，難道那是某種惡意？那是會讓他在當年就死掉的呢？或者只是他為了活下去，而且到現在還活著，他調度了所有能用的資源，他只能做的就是再讓自己走下去。

有時候，向不可知的命運或上天或治療師，做些看似小小的，卻是他擠出所有的餘力，想要做的取悅的動作。誰知道呢，這些擠出所有資源而調度來的小動作，原本是貢獻的禮物，卻惹來了怎麼做都無用的結果，甚至變得好像是在搞鬼或搞破壞的結果，這是怎麼回事呢？

我們做為精神分析取向的專業職人，可能會為了這些感受，而在內心裡說，這真是令人厭煩啊，怎麼有這種人，有這種事呢？真是自戀啊。

　　也許這可以就是結論，不必再多想了，一切都這麼清楚，看一眼，就知道眼前是怎麼回事呢！我們覺得需要的，只是休息一下，緩和一下累積的怒意。畢竟，我們可是花費生命的某些重要時段，才做這件事的，就算對方是我們的衣食父母，我們需要低頭嗎？但是何以是低頭呢？我們是對什麼低頭呢？

　　我們覺得自己低頭，只是為了再確認，我們的不滿嗎？覺得我們的專業被踩在底下，或者我們也想要低頭想一下到底怎麼回事，為什麼就是有一口氣吞不下呢？然後，我們擠出已知的經驗和知識，想要替這種現象說出一些道理。但是根本就沒什麼道理啊，根本就是不可思議，怎麼有這種人啊，明明是有人想幫他的忙，就算是採取稍為有距離的態度，也是有盡力的啊。看不出這點嗎？看來他的確無法看出這種情況，真是難題啊，我只想說這個人怎麼這麼自戀啊。好吧，終於有個結論了，只是有了定論，卻不必然帶來出路，這條路怎麼如此艱辛呢？

　　在這些可能性下，說明個案對於自己一路走過來的經驗是相當自傲，甚至是帶著自戀的意味，就像是覺得當他餓了而大哭後，奶水就被他創造出來。雖然個案談

到當年經驗可能是哭泣且傷心，但這並不意味著，他們就會覺得能活下來不是靠著自己，或者述說時，愈覺得當年創傷的厲害時，會更反映著他們自覺能活過來是不容易的事。在這種情況下，他愈會相信自己的經驗是讓自己活下的緣由。

但時過境遷，原本的有效方法在以後卻反而是問題的來源。但這句話絕不是那麼容易被了解、被體會的內容。治療師要了解這種現象是重要的，面對這種情況，個案對於當年情境的描述，自己像考古學家，在考古自己的古蹟。個案會有自己的說明，而治療師依自己的經驗和理論，會有另一種論述。對於這些被呈現出來的考古素材，如果依社會現實的情況來看，雙方的說明都是需要同時存在的。

還有更重要的主張。和精神分析式的聆聽有關的是，個案扭曲當年的某些經驗時，那些不經意和不自覺的扭曲，卻是有溫度和力量的所在，反映著，個案內在世界裡有某些心理力量存在的所在，只是通常要在後來才會發覺，原來某些說法是有所扭曲。不過，不是要責怪扭曲，而是這些扭曲所在，如果是需要被防衛和被掩護，意味著那個地方是有情感和有傷感的所在。這是需要被體會和被同理共感的所在，語言的詮釋何時和如何介入，是另一個課題，但是如果要讓個案能夠思索治療師提供的語言，重點可能是，個案要能夠覺得治療師是有溫度

的回應，或者如葛林在《死亡母親》（The Dead Mother）裡所說，是需要分析師的同理共感的所在。

另關於我們是如何認知到，某些情況是移情，是負面的，而且是「破壞的自戀」所運動出來的移情呢？以溫尼科特的想法來推論的話，例如畫一張畫，幾筆可以看出是在畫鰻魚，然後再假設個案畫鰻魚是另有心理意義呢？要畫到什麼程度，和實物有多少的相似度，才能說出目前看見的是什麼呢？可能跟某個案是椎側彎（如鰻魚）而被欺侮有關呢？這是畫圖，如果只能以說話來表達，要說到什麼程度，這種圖像才會明朗呢？然後，讓我們可以確定，眼前的破壞裡，有部分是根於「破壞的自戀」，而且可以某種程度明確地看見它呢？

是否這是如同「一灘死水」的比喻呢？但是死水有不同的程度，例如，是會抱怨的死水、會沸騰生氣的死水、或者如同有沼氣會引爆的沼澤地帶？

相對於語言的文明在文明之地裡穿梭走動，語言的文明能夠走得進去這塊化外之地嗎？本能和自戀，是文明的化外之地的居民，或者語言如同精子走千里路要尋找卵子，但是大部分是死在半途。當我們說故事時，語言做為linking的意思，是如同精卵結合就有生命創造力的出現？這是語言做為詮釋的技藝時，它產生作用的方式嗎？或者需要詮釋之外的其它語言，例如建構多元版本的故事，再來比對不同版本之間，和自己的不同親近程度？

　　當我們歸類某些現象，是由於死亡本能的作用，意味著我們正面對的是，它有派遣出各式的問題，雖未明說是誰派出這些問題，但是我們可以感受得到，它們是來自死亡本能的派遣，才會讓我們在心中形成假設，個案的某些問題是來自死亡本能的運作。但是被派遣出來的各式問題之間，可能由於死亡本能的運作，而對相互連結採取攻擊（attack on linking），因此它們之間後來也變得相互不知，在生命的早年曾有共同的來源。

　　但是自戀，在佛洛伊德的想法裡，也是愛情的重要基礎，它和本能是什麼關係呢？這是後設心理學的課題，如果先從臨床來說是，什麼情況會讓我們覺得，需要以「自戀的破壞」的自戀，或本能來描述個案的問題呢？當我們如此歸納時，是要讓我們可以看得更清楚，或更像是推向無法理解的狀況呢？

　　這是我們工作的日常，當我們在臨床工作裡看見某些跡象，然後我們命名那是有破壞力在其中，而且它帶有「破壞的本能」運作的現象，那麼，我們對它做出詮釋，這是什麼意思呢？這是什麼樣的對話呢，是個案意識上的自我和我們對話，或者潛意識裡有了什麼溝通？但這是指什麼呢？本能做為本質或本尊，我們的語言能和意在言外的本尊對話嗎？

　　是什麼情況下，我們會形成「這是自戀」的假設？而且是不可愛的，甚至是帶有破壞力的自戀？這是已經

恨到入骨般的反應，才會讓我們這麼形容嗎？或還有其它較輕微的名稱可以被用來稱呼呢？

　　何以要談自戀，尤其是破壞的自戀呢？如何說明臨床所見的現象？克萊因的理論從「妄想形勢」到「憂鬱形勢」，加上有一本書名「欽羨與感恩」，所以回頭來看是有目標的，是透過了解而能夠感恩。那麼，無法感恩是有破壞的自戀？也許不是全部且唯一的因子，還有別的，那些別的是什麼，也一併是焦點。

　　如果技術上只針對負面移情加以詮釋，而假設這源於破壞自戀或死亡本能（自戀和本能，兩個詞在技術上有何需要區別嗎？）。如果有了目標，不論是否意識想如此，但很難沒有欲望，不然何以要詮釋負面移情呢？就是期待可以了解而減少破壞力，讓分析的結構得以持續。因此有史泰勒在名為治療師取向或個案取向的詮釋裡的技術修正。何以需要修改呢？他提議的修改是，有時候，詮釋時不必期待個案會有洞識，進而改變破壞的行為，而只是要表達分析師的同理共感個案的處境。他的修改反映了什麼重大的意見嗎？這樣的修改變化裡，反應了什麼重大的理論，視野需要變遷嗎？如空洞、死亡和飢餓，這是再度遞出菜單給對方嗎？

路過小時候的故事
　　想記得的心聲
總是長著兩隻翅膀
　　一隻白鷺鷥
　無意中飛來時
肩膀扛著整個村落
　　　晚飯後
在曬穀場吹涼風時
遠方蟋蟀曖昧的笑聲

[談自戀 D 版本]

說自戀時，有要思考什麼嗎？

　　關於欲望和記憶的有無，如果從「生死不相礙」或「有空不相礙」，而如是接受自己有好、有壞、有愛和有恨，最後是什麼都沒有，一如「有不礙空、空不礙有」。做為比喻愛和恨也是如此嗎？甚至生的本能和死亡本能也是並存，兩者也是互不妨礙。是否我們的語言能夠處理的，只是本能派出來的枝節，因而減少了後續反應，進而讓「生」可以持續發揮生的力量？

　　至於比昂的attack on linking，如果是死亡本能的作用，那麼我們只能將被破壞的連結補上來，讓連結和交流可以再發生，就像把斷橋再搭建起來，就會有生機的機會？這些生死本能的說法，和佛教以死做為出發點談論生死，最後是「看破生死」和「生死皆可拋」，才是某種境界，卻是不易達成的境界。另，何以要談論破壞本能呢？這和一般的破壞有何差別呢？破壞本能等於死亡本能嗎？

　　本能和驅力有何差別？不只是理念上，而是臨床上可以用來說明什麼的不同呢？是否意味著，如果是破壞本能的運作，表示所出現的那些破壞，並不是日常生活

裡的某些事件可以解釋，而是外在現實的理由都窮盡了，最後只能訴諸於，那是天啊，那是本能？語言是文明的成果，如何和原始的本能對話，並且能夠藉由語言詮釋的力量，進而阻止了破壞力的進行？如果是本能層次的問題，這種意圖是有可能的嗎？文明是可以馴化野性，但是野性可能仍存在。

有人覺得「驅力」（drive）是有能量，也有動力和方向，就是有「勢」的出現，而「本能」（instinct）就只是一種能量，或者難以名之的狀態，當我們說死亡本能的時候，並不是它等於死亡本身，而是指某種力量。死亡本能和生的本能是相互抵抗的嗎？或者生死是兩條線，各自走著自己的路。當我們將死亡本能侷限成破壞本能，意味著它變成是可以直接被語言處理的現象嗎？

如果外顯出來的現象或症狀，只是「本能」在深不可測的深處派出來的兵卒或使者，那麼我們對於這些兵卒和使者說話的詮釋，能夠有什麼作用嗎？那些訊息能被有效傳遞回到深處的本能嗎？它理解我們的語言嗎？我們期待它能走向文明的語言，是否最後的狀態是生和死的本能，也是互相不妨礙的並行存在？我們只是藉由客體的存在，建構了某些文字資料庫般，由死亡本能派遣使者來拿取某些文明，進而形成linking構成某種交流？是這種交流讓「蛻變」有了契機，真正能達成改變或蛻變的是這種不斷的交流。

　　當我們談論克萊因所定義的「破壞的自戀」時，她的命題可以重設，為什麼對於某些人來說，要感恩他人是如此困難？有些情懷來得快，去得也快，過了就找不回來，那是很困難描述的憂愁。本身是憂愁加上去得快，再加上另一股難以言說的情懷——自戀，源遠流長，不出聲地操作著人生。

　　我們對於自戀的理解，是怎麼形成的呢？從佛洛伊德至今的變遷，走到目前，做為罵人的語言，如同歇斯底里，那麼，「自戀」這詞的命運會像歇斯底里那般，被人當作它已經消失了嗎？它為什麼消失，是命運的結局？當初，到人世間就注定了，或者人性裡還有其它我們不了解，或根本還沒有想到的力量，在掌握這種命運？就因如此，所以人是不會低頭的，或者一直是低頭的，從來沒有好好抬頭，正眼看著眼前是什麼？因此正向的想法就盲目地出現了。

　　歇斯底里變成第一軸裡，逐漸消失的歷史殘留或者史蹟？而自戀是發展中的歷史，被放在第二軸做為人格的一環。這是人的認命嗎？畢竟，被放入人格或性格是意味著，難以扭轉，只能等待蛻變的可能，甚至可能蛻變成卡夫卡的蟲。

　　「自戀」，它其實衝擊著我們對於人跟人之間，談「理解」是什麼時的極大挑戰。隨著時代變遷，從焦慮到憂鬱，從歇斯底里到邊緣型和自戀型，是人的本質改

變了，或者只是視野不同了，因此撿起不同的語詞，來說我們所看見的自己？

一度罵別人歇斯底里是流行語，後來，當罵人是精神分裂或自戀時，這種罵詞裡有說錯什麼嗎？或者其實精神分析的專業詞語，已經流行到大家都可以一眼就看出對方是什麼樣的人？也許大家有精準地看見了什麼，而且很坦白地向對方告白了，但是可能得到的是白眼相待，這是怎麼回事？何以說出對於另一人的理解和認識，卻只值得對方白眼相待呢？而不是高興地如同得到溫尼科特的過渡客體般的心情呢？這是誰理解錯了呢？或者有些話是屬於，就算知道了也不能說出口？

依我的理解，在臨床實務裡，是不需要跟個案說到「自戀」或「本能」這兩個語詞，但是如果這樣子，何以在理論上會需要列入這些呢？我引用的參考資料就是要談它們呢？如果這些語詞只是我們專業職人關起門來談的想法，或是心理地圖上的某個小站名，那麼，何以一般人卻是運用得明目張膽，而且相信自己是最正確的用法，這是怎麼回事？我們從這些現象了解什麼嗎？或者說在這現象上，能夠讓我們再了解人性是什麼嗎？

值得細思的是，就臨床過程裡，我們是在什麼樣的情況，會浮現眼前「這個人很自戀」的想法呢？這時候是否就像面對特殊的犯罪事件時，總會在這種複雜的問題上，有一個簡單明白，容易被了解，卻可能或常是錯

誤的答案。我們在面對個案時，浮現個案很自戀的想法時，是否自戀就是眼前複雜問題的簡單答案？或自戀本身就是一個複雜的命題，只是容易被給予簡單的內容，這種時候我們會如何受這個結論的影響？

　　畢竟，浮現「自戀」這字眼時，是找到了當時困境裡遺留下來的救生圈，或只是意味著我們很累了，不太想要再花力氣想了，因此，「自戀」這兩個字是最深刻，也是最有力的反彈。實務上，當我們宣稱個案很自戀時，有可能是我們的反移情裡最挫折的時候，因為我們早就知道，這兩個字是心理炸彈，只要說出口，就會把關係或個案的心理地圖，炸成最原始的破碎。但我們就束手無策了嗎？也許我們的唯一武器是，再等待、再思考和再觀察。

　　由於自戀是如此惡名昭彰，如同現在以歇斯底里來罵人，因此我假設「自戀」這語詞，也將步上後塵。這種結果就是被當作它消失了？或以其它樣貌出現？如同歇斯底里變成DSM裡的眾多面貌，被打散後就不再有力氣替自己說心聲了。尤其是如果被導入「自戀」和「不要自戀」的兩極化裡，反映著分裂機制的作用時，就意味著相當原始的心理機制的運作，命題好像衡量兩者擇一，但其實是變成不要再思考的意思。

路過小時候的故事
整個村子的小孩
守護村內唯一電視的臉色
是別人家的
大同寶寶站著有可愛
也可以突然關上電視大門
整個世界鎖進心事裡
剛剛青春鼓王唱著一顆流星
閃閃爍爍
路過交陪大家的歡樂聲
眼神笑著做戲空
看戲憨

[談自戀 E 版本]

自戀是朵什麼樣的花或恐龍？

　　佛洛伊德指定這希臘神話的花，做爲他開創另一個新局的開場白，也只是開場白，這朵花的貢獻還沒有「性」那麼多。這朵花跟自戀有關。

　　「自戀」這個已經惡名昭彰，彷彿被通緝的語詞，是人類語言裡被灌注讓人難以忍受，或者難以忘懷的所在，我們其實是不想拋棄它，只是爲了文明，我們需要一個名詞來包裝它。甚至把它設計成人生舞台上，人一定要演出的一場禁忌，因爲它總是以「不要自戀」做爲反動標語。

　　如果我們只是跟著起鬨，陷在這些罵名裡，反而失去了做爲專業職人的任務了。我們需要比昂的思考理論所提議，在不可思考和難以思考的所在開始思考，這是專業職人的起步，也是無止盡的終站。

　　一個語詞是一個網子，要捕捉化外之境裡野生流浪的人性，或者是一個使人不斷有新想像的未來？

　　爲什麼「自戀」這詞變成如此呢？它被說出來後的命運是什麼？它是可以直接生吃的，或要慢火仔細燉煮才會讓它更有風味？精神分析的技術是明白清楚就好嗎？

它需要風味和美感嗎？美感是長鏡頭的長時間推移，或是特寫鏡頭的強調呢？例如就直接特寫指出這些就是自戀，或者需要如長鏡頭拉開來看自戀的脈絡和情感？我好奇何以克萊因把自戀弄得像是廢墟？

如果依麥克巴林（M. Balint）的「自戀的創造區域」的論點，那自戀不是防衛，而是一種原初就存在的誤會，如溫尼科特說的illusion，它就是誤會自己，依自己方式活下去，就字義的表面來說，如果夠自戀，就不是要防衛，也不需要防衛什麼，它就是夠相信自己了啊！但是由於人終究沒有那麼自戀，因此就顯現出自覺的不足感，或者受苦，才出現以自戀來防衛自己在經驗的挫敗感，也就是所謂自戀的受挫。

精神分析家建構自戀，就像考古學家建構恐龍的重新誕生，從臨床經驗來說，自戀的出現，或當我們覺得對方或自己有自戀出現時，通常是以很巨大的形象出現，大得讓我們難以不看到對方的自戀，也大到讓我們就要被對方的自戀所淹沒。當浮現「這個人很自戀啊」的字句，這個「很」包含了濃重的情緒，尤其是負面的情緒和想法。

另外，自戀的特性裡有一項很重要的因子，它可以在別人身上很快被看見，但是卻很難在自身上看見自己的自戀。這是很有趣的特性，何以會如此呢？偏偏自戀的神話起源裡有水的存在，做為鏡子般的反映，但那需

要另一人看見了對方的影像，才會浮現「自戀」這語詞，自身卻無法在鏡子裡，看見自己的自戀。如此，是否會引來一個重大的疑問：在無法自覺自戀下，而我們覺得客體很自戀，這是可能的事嗎？

我的意思是指，這常出現在一般互動和診療室裡，但是這種現象反映著什麼呢？或者一定要治療師不自戀時，覺得個案很自戀，才真的有意義嗎？但是人不要自戀，這是可能的嗎？我覺得「自戀」是重要的人性因子，不可能也不必要去除。如麥克巴林所說的「自戀創意區」的說法，自戀的多重性或多樣性，就像曾有恐龍存在這件事，需要依據不同的骨架，來建構出不同的恐龍。

另一個關於自戀的故事。依佛洛伊德曾描述過，獅子倍受孩童喜歡，可能的源由之一，我衍生的想法是，由於天敵的缺乏，獅子的自戀使它幾乎不太需要警戒，讓它的可怕裡隱含著自在和不拘，也就是牠的不在意，加上讓人的畏懼成份，這些種種相加成的結果，構成了它令孩童喜歡的理由。不過，前述說明的自戀所帶來的負面感受是令人不悅，獅子的徹底自戀卻另有美感。雖然大家相信自戀的人總是讓周遭的人感受到壓力，並且需要不停出力來應對對方，否則好像會被它源源不絕的吞噬了。

自戀是某種相當個人化的知識，是相當困難以語言

來思考的領域。如果精神分析的理論和實作，有要和他人溝通的意圖，自然需要將如何溝通的命題加進來思索「我們要如何談論自戀？」，然後可以做為他人思考的材料，如同某種精神的糧食，但這不是要他人依循而做的意見。

做為某種知識和認識，從個人的經驗的描繪，到知識的公共化過程裡，我們需要什麼樣的工具，來幫助我們了解？或者無法了解，只能感受到它的存在？那麼它到底是什麼呢？回到佛洛伊德當年是以夢和精神官能症的相互比對，而生產出精神分析的知識，建構了精神分析的版圖；佛洛伊德以引言方式提出來的《論自戀》，是個重要的轉彎，是重要的版圖探索新的風景，雖然早就是臨床常見的現象，只是少了語言的工具，因此就變成視而不見，要在地圖上探索需要什麼工具來做為比對，才得以認識它。

首先需要回到最基本的命題，從臨床出發的話，是在什麼樣的情況下，會讓我們想以或會以「自戀」，來標示當時所感受、所見和所聽的情況呢？

對於恐龍的描繪和想像，是否最能反映我們的自戀的展現呢？如果自戀是種難以言語表達，無法直接觸及的領域，是否在人們想要和他人溝通「自戀」這個東西時，它早就被摧毀了？一如得到瘟疫的過程。但是自戀留下它的梗，它的骨頭。不是具體事物的梗或骨頭，但

是我們都知道它的存在。也許我們可以使用溫尼科特形容青少年的非行行為的說法來思索：除了表面所呈現的破壞外，另還有和客體溝通的意涵。兩種意義是同時呈現的。

　　至於比昂對於溝通，他從另一角度來想像自戀和社會戀（social-ism），如同前後的兩匹馬拉著同一輛人生的馬車。但是自戀這個領域，是只能藉由比昂所說的思考理論，做為猜測和想像的方式。自戀和恐龍，以我在〈找回恐龍了，然後呢？：潛意識是被建構出來或被發現？〉（《我，離自己有多遠呢？》，蔡榮裕，無境文化，2018）談論恐龍的建構的方式來想像，我們如何建構自戀呢？什麼是自戀？就算佛洛伊德在《論自戀》裡談了引言，但那只是引言，需要我們從臨床經驗裡，再想像來建構自戀是什麼。

　　回到工作坊的課題，談論「破壞的自戀」，我從比昂的某些說法出發，再來看破壞的自戀在臨床上的意義。對比昂來說，他從佛洛伊德在《本能及其衍生物》（Instincts and Their Vicissitudes, 1915）裡出發，佛洛伊德在該文裡提到自戀，著重在「原發自戀」，至於克萊因則是將自戀、破壞的自戀和本能，尤其是死亡本能或破壞本能相接，如果要思考克萊因學派的技藝，如葛林等的觀察，某些對於負面移情的詮釋，何以易招來個案的反彈？不過個案會出現反彈，顯然有更多是源自其它的因

子，但是這些臨床事實需要更多的思考，不必然就僅陷在是否同意這些批評而已，而是這個歷史現象裡，就反映了值得再探索的心智課題。

除了葛林在《死亡母親》裡的抨擊，並提出同理共感的需要外，史泰勒也提出治療師取向或個案為中心的詮釋，對於克萊因技術的微調，他仍堅持詮釋負面移情，但提議分析師在進行詮釋時的態度要改變，不再是期待個案因詮釋而有洞見，然後改變破壞的自戀所展現的破壞。史泰勒表示，對某些個案詮釋負面移情時，只是要傳遞分析師了解個案的感受，這個修正表示他也觀察到，葛林和其它分析師所經驗的詮釋後所遭遇的困局。

史泰勒的提議就比較容易執行嗎？其實，也不盡然，不過這是另一個話題。要做到史泰勒所說的，詮釋負面移情，但不抱期望個案因此有洞見，這是分析的過程或者需要某些「修行」？這是我何以將第一篇標題定為：「精神分析是種修行嗎？」的緣故。

就本次演講的主題來說，前述的「負面的自戀」或「破壞的自戀」，其中的假設是，負面移情是指具有破壞力的自戀，也是死亡本能所推動出來的移情。不過，我們就臨床經驗來說，我們需要在這裡稍停一下，如同比昂對於母性消化「無以名之的恐懼」般，來想一下和消化一下是什麼情況，讓我們會在臨床實境裡，將某個情境覺得是破壞本能在推衍自戀式移情，且這種情況可

能會危及分析或治療結構的進行？我們針對移情加以探索的目的，就是爲了分析結構得以維持，而不全是針對故事裡的其它外界事情。我們是需要停下來想一下，何以那時覺得是強烈如「破壞的自戀」的移情呢？這跟一般的破壞有何差別呢？

或者使用比昂的連結（linking）的概念來想的話，我們專業職人對個案的移情所做出的詮釋，是爲了只是造出一座橋，可以通往移情的領域，或者已經是闖進了移情的領域裡，詮釋是在動手動腳了？實作的情況和專業職人的期待或預期，有多少的差距呢？

我們如何做出判斷，或者就算是一般的破壞，我們仍得假設，是具有破壞力的自戀隱身其中，因而詮釋的深度仍是必要的？但是當我們詮釋的時候，是什麼讓我們相信，在這種詮釋下，個案可以安靜下來，能夠思索我們提供的詮釋？就算我們宣稱自己的詮釋，只是提供一種想法，這是如同佛洛伊德的鏡子論，做爲分析師或治療師的狀態，意圖不偏不倚反映個案的內在世界。但是如果比喻的畫面不同的話，個案的問題同刺眼的陽光投射過來，我們以詮釋再回射回去，會是什麼結果呢？首先，我們鍾愛的語言這件事，是有可能以語言來詮釋時，如同鏡子般折射陽光回去嗎？也許不無可能，不然，不會有一言喪邦和一言興邦的強度。不過值得再另討論的是，「詮釋」有可能如鏡子般的折射？或者鏡子論需

要再細論，它指的可能是治療師的態度、情感或其它。

　　如果我們相信，「語言」畢竟是文明的產物，而且是相當高級文明的產物，但不必然只是用來溝通，有很大的成份是用來防衛，或者消化掉某些過於尖銳受苦的欲望。或者消化就是某種防衛？好吧，讓我們想一下前述的命題，何以我們相信詮釋「破壞的自戀」時會有效用，能即時或緩慢阻止破壞的蔓延呢？是否我們仍需要相信另一種力量的存在，也就是生或性本能的存在。畢竟，在煞車之後呢？如何走向可能會帶來克萊因所說的，從欽羨式的搞客體破壞，到有感恩他人的能力呢？這中間的路有多長呢？我們如何描繪中間地帶裡的內容和名稱呢？

　　我以比昂的某些論點做為背景，讓我們一起來想想，對比昂來說，如何看待自戀和社會戀，以及和這兩者密切牽扯在一起的死亡本能和性本能，以及性本能裡所涉及的，佛洛伊德主張的主動性和被動性，以及愛和恨的課題。首先需要推論他如何看待，這些兩極化的語詞所要表達的內容？他並非全然以兩極化的構圖視野，來想像這些特質，他的心理構圖是，這些常被兩極化，佔據兩端的特質或動力，更像是前後排列的兩匹馬共同拉著一輛車。兩馬之間是如同光譜般的存在著，有數學般不同比例程度的力量和特質在相互牽扯。

　　首先是前後排列的兩匹馬，意味著自戀和社會戀、性本能和死亡本能、主動性和被動性、愛和恨等，都是

前後列的拉著馬車往前走。由於兩匹馬各有自己的方向，因此外顯線是直線往前走，但是內在動力之間並不必然是直線般，它們之間以光譜般的不同比例程度相互牽扯，然後在各式力量達成平衡後的某個方向移動。所謂如光譜般的配置動能，以自戀和社會戀爲例，依比昂的觀點是，雖然有極化的兩點，但是實質上，大部分的時候是處於，兩極化點的中間的某個平衡點上。

　　也就是任何時刻，都是混雜著兩種動能依不同比例的配置，而處於座標的某個位置上。例如，如果是自戀的成份高時，是生的本能指向自我，以自我的生存做爲主要動力，但同時有死亡本能指向團體。如果社會戀佔上風時，則是生的本能指向團體，以團體的存在做爲主要動力，而同時有死亡本能指向自我。這些都帶有內容和動能，也都有方向要走的（數學的向量概念）。

　　讓我們在這些概念基礎上，再來想一想先前的命題。當治療師面對「破壞的自戀」所推動的負面移情時，我們何以相信它會停下來，並且有機會走向感恩他人的方向？（雖然也可以想，是否治療師需要如此期待？）如果依一前一後（tandem）的馬拉著馬車的心理構圖，較能讓我們假設，在詮釋後是同時另有生的本能存在，而讓馬車的動態拉至另一方向；或者果眞是死亡本能本身聽到了而刹車嗎？是否這是困難的，因而才有臨床上個案對於詮釋的反彈？

　　也就是，不但沒聽進去，甚至覺得被激惹了，不過做爲精神分析取向的專業職人，自然不會害怕或擔心被個案激惹，畢竟這是我們日常工作的一部分。只是假設這種破壞力是涉及死亡本能的「破壞的自戀」時，意味著那是很大很大，甚至是人性裡最大的破壞力。那麼，我們激惹它要把它掀出來時，我們有多少相信或把握，其它生的本能力量會出手相救呢？需要和生的本能合作做些什麼工作嗎？或者它自然就是會出手相救，不必治療師擔心呢？如同佛洛伊德在《有止盡與無止盡的分析》裡提及的，分析如同出手破壞了化學鍵，但他相信接著它們會自行尋找其它的來結合，那麼，如何區分粗魯和細緻呢？這只是美學或道德？是需要被思索的嗎？

　　從「破壞的自戀」而出現的欽羨式搞破壞客體，到感恩客體——什麼是感恩？是做什麼或有什麼態度，才算是對客體有感恩呢？例如，是一還一的感恩，或食人一口要還人一斗，或者感恩無涉及這些回饋，只是心理上的某種反應，但那是什麼呢？對專業職人來說，不同人會有很大的差異，這會帶來什麼樣的影響呢？

後記 ———

　　以上的五個版本談自戀，是我準備2018年9月16日由臺灣精神分析學會主辦的台中工作坊演講的成果。就報告的時間來說，我知道只允許有一個版本的宣讀時間，但由於在準備過程的書寫時，對於這個主題有不少想法同時湧現，因此成就了目前的五個版本。後來，在當日活動時，我在會場主要是宣讀A版本。

　　這場工作坊的主題是「愛自己的N種方式：自戀面面觀」，地點是台中中國醫藥大學立夫教學大樓101教室。活動內容是早上有四場演講，由盧志彬、牟秀善主持。下午是林淑芬的心理治療案例報告和討論，由白美正、許宗蔚主持，並由早上演講的四位講者進行發言討論，結合理論和實作的經驗交流。

　　這四場演講包括：

《演講一》佛洛伊德理論中的自戀概念／黃世明

《演講二》語言的困境：自戀和本能相遇，如何說哈囉和再見？／蔡榮裕

《演講三》Guilty Man? Tragic Man? 不能受苦卻又不斷受苦的悲劇人物／林俐伶

《演講四》葛林的自戀／楊明敏

　　以下是臺灣精神分析學會對外宣傳活動時，我針對我的演講內容所書寫的文宣簡介：

　　「自戀」，它走路有風嗎？是什麼使它起波浪，不然，何以大家都把惡名往它身上丟？就像「性」，一開始被佛洛伊德選定了，獨自挑起大樑，撐起精神分析的命運。但是直到「自戀」出現了，就吸走所有光環嗎？或者何以性和自戀，都是以承受罵名來撐起我們要探索的心理世界呢？

　　然後，性就可以隱身喘息了嗎？何以被形容自戀的人，總是一副難以吞下這語詞所承載的呢？「自戀」的命運是早就被命定走向「不要自戀」嗎？這是命運嗎？或者只是人給自己設定的一場不可能的任務？

　　當克萊因指定「自戀」做爲重要角色，除了承受惡名，它還要幫人性走出什麼方向嗎？注定要死亡嗎？還是它會自己復活，因爲精神分析史指定給它這種能力？

參考文獻 |

1. Rosenfeld, H. (1987). Narcissistic patients with negative therapeutic reactions. In Impasse and Interpretation. London: Routledge. 85-104 [僵局與詮釋]

2. Rosenfeld, H. (1987). Destructive narcissism and the death instinct. In Impasse and Interpretation. London: Routledge.105-32 [僵局與詮釋]

3. Steiner, J. (1993). Narcissistic object relation and pathological personality. In Psychic Retreat. London: Routledge.

路過小時候的故事
兩隻麻雀
研究過達爾文的物種進化論
把耳朵交給對方
嘲笑落單的綠繡眼
沒有勇氣說出孤獨的享受
天空下
拿著自製彈弓的我
不了解麻雀的深意
也說不出自己的意在言外

關於翻譯

以「精神分析」來了解 psycho-analysis
是可能的嗎？

　　精神分析和翻譯，以及精神分析的翻譯，或者精神分析能被翻譯嗎？從英文或其它語文變成我們的在地語言，這是什麼意思？關於翻譯：以「精神分析」來了解「psycho-analysis」是可能的嗎？也可以詢問類似命題，關於分析治療，以「詮釋」來了解「人」是可能的嗎？

　　佛洛伊德在發展後設理論的過程，是常在夢和症狀之間對話，也就是以他對於夢的了解來看待症狀，或者反過來，以症狀的知識來推論夢的特質，在夢和症狀的相互對話裡，豐富精神分析的理論。另外，也可能以分析的過程和翻譯的過程來對比，藉由我們對於分析過程的經驗，來想像翻譯這件事，尤其是精神分析的中譯課題。

　　我們是在翻譯什麼？只是一個字對照另一個字？假設字和字之間就被等同起來了，如果是這樣，那麼每位翻譯者都是神，反轉陌生國度的語言，每譯出一個語詞，就替自己的母語創造了一片新的大地？或者翻譯沒有那

麼偉大，只是嘗試丟出一些語詞試餌，誘惑在地的語言跟上來緊咬，畢竟任何語詞，例如無意識或潛意識裡的「無」或「潛」，都各有原本在我們的語境裡的相關聯想詞。

我相信在目前的實作裡，自覺或不自覺的，以「無」或「潛」做為診療室實作過程的聯想基礎，對同一位治療師來說，兩者的使用都是存在的，不是只依單一的語詞做著臨床的判斷。甚至意識上譯為「潛」，是否就沒有使用「無」的經驗，在處理過程的每個細節？或者相反的情況是否也如此？我的觀察是同時存在的，也就是目前來說，是「潛」和「無」如果站在兩端，那麼在實作後的案例討論裡，大部分人是處在兩端之間的某個位置，有不同比例的「潛」或「無」的概念影響著臨床的決定。

這種結合在目前語境裡是被接受的，只是各有自己的聯想詞，這些相關的聯想詞都會跟著這個譯詞，進入原本外來語想要描繪的領域裡。這可能豐富了原來外來語要描繪的領域，但也可能就有些偏離了，只是偏離多少還可以被接受仍在精神分析的範疇裡？因為一些稍偏離的語詞可能帶來新的生機和想像，只是誰來判定是太偏離精神分析呢？有什麼標準做為判斷的準則嗎？

這是能夠事先設定的嗎？或者這是一個專業職人社群裡，隨著時間，相互討論過程的運作和消化，後來會

自然慢慢浮現的成果？然後再回頭看，何以是這些判準呢？這些反映著什麼嗎？例如「死亡本能」的死亡語詞，在我們在地文化的背景下，會受佛教從死亡和受苦談起的生死觀的影響嗎？我們很困難完全不帶進文化裡的生死觀，這是不可能的要求，若如此要求或期待，就好像精神分析的外來語，是可以憑空活在我們心中的另一塊領域，而不是坐落在每個人有著不同的在地文化觀的心理領域裡。

慢慢地串連散在各處的概念

不是說我任性硬要以自己的文化觀來使用外來語，兩者間不是你死我活式的勢不兩立，而是會在我們消化外來語的過程裡滲進去，慢慢有所融合的過程。這是必然發生的消化過程，我們最好意識化這個課題，但是會出現什麼樣的狀況，則只能在專業職人的社群裡慢慢觀察它的變化，讓我們以後回頭再來整理和觀察，分析這些變化裡有哪些在地的文化元素，是不自覺地被很多人接受，老早就運用在我們對於外來語的想像和解讀裡了。通常，不必然一開始就意識到這現象，而且我對後來現象的分析會更有興趣，這是指我們在專業職人社群裡，如臺灣精神分析學會會員們，消化外來語的過程中，不自覺地動員和調度了多少在地文化和語言的概念。

或者有些是充滿疑惑的試餌，想要釣起其它茫茫語言大海的魚或情結。我們知道是魚，但是什麼魚或魚是什麼，都還要再了解，因為有些生活概念是散居的，而不是如前述佛家的系統觀點，不知不覺地存在我們的文化和日常想法裡。但是有可能在某個外來語被翻譯後，這個翻譯在我們的想法裡，慢慢地串連集結了一些原本散在各處的概念，或有時候我們會把這些概念說是生活裡的智慧。

例如，佛洛伊德的理論裡，最具爭議的sexuality，對他來說是有不同人生階段的變化，例如，口欲期、肛門期、性蕾期、潛伏期、青少年期。現在來看還有成人期和老年期的變化，也就是在不同階段有不同身體部位的變化，這變化目前看來是發展過程裡會出現的，只是當他堅持只以sexuality來代表所有內涵時，可以說是佛洛伊德對於這些現象的共同翻譯的語詞。這是爭議的來源，但也同時是豐富精神分析看待人性的視野，對於一般被忽視的現象，因為這詞而有了某些質變的意義。

不可否認的，至今這詞仍有爭議的緣由，是在於雖然口欲期、肛門期、性蕾期、潛伏期和青少年期已是常識般的日常用語，但是並不必然被仔細地放進我們對於佛洛伊德的sexuality的了解裡。大部分的人可能仍只以青少年時期之後的反應，做為想像這個語彙要表達的豐富意涵。這是佛洛伊德以sexuality，翻譯一群複雜且貫穿人

生的用語，至今仍是有爭議的所在。然後，當我們把
sexuality譯為「性」，也是目前大家習慣使用的語詞後，
我相信大部分人仍是以青少年後的性，做為了解「性」
在精神分析裡的意涵。因此仍有人覺得「性」若使用在
孩童的某些行為，或大人的某些症狀，會覺得是被污名
化了。

以什麼語言來迎接或迎戰外來語詞呢？

　　我們的語境裡，「性」有「食色性也」、人性、本
性、性質等多種想像，至今來看，其它的意涵很難滲透
到成人的「性」這個字詞裡，來豐富「性」的意義。但
這是精神分析的重要概念，我們以「性」來詮釋某些問題
時，到底是窄化了問題的多元可能性，或是增加思考的
空間呢？對於精神分析在地的發展，會有什麼重大影響
呢？這在精神分析取向專業職人的社群裡，仍是值得觀
察的現象。

　　這些比喻的說法是嘗試要描繪，外來語言撞進來時，
我們會以什麼語言來迎接或迎戰呢？如果是迎接，意味
著在地語言是恭謹地讓它走進我們，對它來說是陌生的
世界，我們可能安排一個語詞來迎接它，讓這個在地語
詞等於那個外來語，好像我們一點也不排斥那個語詞的
內容。它不會對我們有所挑釁，我們也就以一個語詞來
迎接並接納它，至於它會安靜地觀察，或是放蕩地撒野，

以為它是全世界的中心呢？

例如，ego以「自我」來接納它。然後就不那麼違和地，以「自我」的概念來想像外來語ego，後來才發現ego不是自己房子裡的主人，只是奴僕；但自我是奴僕，可是冒犯了我們對於自我的原本想法。但是這譯法已經約定成俗，是否要新創一個語詞來重新歡迎它？只是看來是還沒有成功。

直到後來，精神分析對於self的強調，才帶來了不同的麻煩，「自我」的內涵好像比較接近self一些，但是能夠更名成功嗎？依目前看來沒有成功，而是新創「自體」的譯名，不是以我們的日常用語來接納self。當我們仔細想這問題，談到自我時，腦海就得打轉一下，「自我」，後面跟著來的括號裡的英文字是哪一個呢？以後，自我的概念會如何慢慢影響ego的概念？

翻譯是語詞迎戰外來語？

ego的概念是否因為我們翻譯的關係，而滲透回去外來語意所代表的內容，替原來ego的定義增添了我們的文化因子？在精神分析的理論裡，這一切都還在發展中。有些事要很多年後才會發現，我們開放迎接進來概念的過程，可能經由翻譯後的想法，再透過專業職人多年在其它語言系統，如英德法西語系統裡，發展我們的精神分析經驗時，經由這個回饋過程，讓我們依我們的語言

消化後的想法，變成外來語的一部分。

　　至於迎戰，也是一種可能性。我們的語言是要戰勝外來的語言，我們想要找出比原來的語言更有豐富意義的話來翻譯它，雖然這樣會造成某種誤解，好像外來語的內涵是我們原本就有的好想法，但是我們的語言一定要戰勝對方，不能讓對方太過於囂張。在這種迎戰的語言氣氛裡，翻譯出來的語詞可能就違背對方的意思。這種違背不是指刻意錯誤的翻譯，而是指想要翻譯出，原本的語詞裡，還有它本身沒有說出來的內涵，因為這些語詞都有它在文章脈絡裡的前後想法，我們閱讀時，自然也會從文章脈絡裡，發展出其它想法和感受，而這可能是那語詞被使用時未被察覺的意義，或者就算一時不覺得有，但是我們的語詞就是有迎戰的衝動。

　　例如，以「精神分析」翻譯「psycho-analysis」來說，我從兩個現象反過來說明，這個譯詞裡迎戰外來語的氣氛。「精神分裂症」近來被改為「思覺失調症」，理由之一是後者比較接近生物基因學為主的論述。不過有趣的是，目前還沒有人建議要更改「精神醫學」的名稱，雖然也一直有「心身醫學」的名稱，做為避免讓個案覺得精神分裂症有污名化的意思。「精神分析」在台灣尚不致有污名之意，但是這種更名的理由裡，意味著「精神」是個過於廣大，而且跟生理學有對峙的意味。

　　回頭來看，目前浮現出來的這種爭論，讓精神分裂

症裡，因有「精神」之意而被踢出，不過從另一角度來說，這個更名也更彰顯了以「精神」做為譯名時的豐富意涵。尤其是和另一譯詞「心理分析」來比對，雖然在台灣，精神分析和心理分析的語詞一直存在著，也有人隱約覺得，如果使用「精神分析」，就表示它是屬於精神科醫師的，而「心理分析」就是屬於心理師的。不過，就我們的語言體系來說，「精神」這語詞存在繁體字裡，是相當久遠了。而「心理」這語詞，畢竟，只是相對較近代的概念。

大部分譯詞同時帶有迎接和迎戰的意味

這些說明當然是後設的，是從目前的眼光往回看，而當年可能只是以，哇，psycho-analysis耶！覺得我們早就有了對於「精神」如何調養和培養的說法了。我想像的戲碼是，好吧，我們以「精神分析」來應戰「psycho-analysis」吧！接下來，我會說明何以我採用這種回推猜測的方式，來提出這個主張，至於要了解這些方式，我不傾向只是依著目前想得到的理論，或者只引述別人的理論。這些理論自然仍是基礎，但是更重要的，保持著這個疑問，持續觀察在地的發展，再由以後屆時的情況是什麼，來述說我們如何以「精神分析」來了解和施作psycho-analysis，或者以「psycho-analysis」來理解psycho-analysis？或者更有可能的是，兩者之間各以多少的比例

存在我們未來的內涵裡。

　　不過，本文只是一個引文，為了思考翻譯這複雜事件裡，關於譯詞選擇的主題。我們如果細究的話，大部分譯詞也許都同時帶有迎接和迎戰的意味，我以「自我」翻譯ego，和「精神分析」翻譯psycho-analysis，並非它們就只有其中的某項特質而已。我也更是藉著迎接和迎戰的區分，說明精神分析被引進來，做為某種工具來看待我們自己時，可能遭遇的情況。

　　這是早就存在我心中的命題，目前這些書寫是在臨床實作過程裡，逐漸出現的想法，這些想法是根基於至今已有現象的思索，並無法完全區分，哪些是原來不自覺的想法，由於多年專業實作經驗後，又再蹦出來。這一切都是邁向一個假設——我們在這麼多年的浸淫裡，到底我們如何解讀精神分析的術語呢？就算是跟著現有的譯詞，加上外來語放在後頭的括號裡，或者外來語在前面，而譯詞是跟在後頭的括號裡，這一切都顯示了一個有些荒謬但真實的場景？

以「涅槃」來了解死亡本能？

　　例如，「創傷」，什麼是生命早年的創傷？佛洛伊德新創Nachträglichkeit這字，他的主張雖是傾向認為，早年的創傷會形成心理創傷，並不是早年的某個外來傷害本身所直接帶來的，而是後來某個生命階段回顧解讀造

成了情感的衝擊。不過，佛洛伊德新創這個詞，對於大家了解「創傷」，並沒有獲得太多的注意。佛洛伊德英文標準版，將Nachträglichkeit譯為 deferred action in hysteria 和 deferred operation of traumas。依英文翻譯的字面意義，是指創傷在兒時就成形了，只是以某些方式留存著，潛伏著那般，直到後來在某些情境下，那些創傷以保留當年的經驗直接跑了出來發作。再加上精神醫學的說法，delayed-onset PTSD 和 delayed trauma reaction 也是類似的說法。但是這和臨床經驗有些不同，因為孩童受創時的情感，和後來的反應不必然是相同的，因此 deferred action 的概念也被置於一旁多年。

後來有論者表示，由於法文翻譯為 après-coup，是接近前述的，創傷的情感反應是來自於事後，以目前的想法而對以前做出的反應。也就是後來的想法和情感，會再建構出當年的經驗，這是比較接近臨床經驗的說法。也就是以 après-coup，再回頭看佛洛伊德的新創字 Nachträglichkeit，才更了解原來是這種意思。或者說，這是佛洛伊德一開始想說，但未能說得明確到讓其它的譯者了解，而後來依法文新字眼 après-coup 來重新了解最原始的說法。這是後來的了解，補足了原本德文字眼的內涵嗎？或者是再建構了佛洛伊德新創德文字的內涵？

這種現象是否可能發生在中文翻譯呢？我覺得是有可能的。例如，「死亡本能」，在西方世界雖有克萊因

的加碼，著重強調它的重要性，但至今仍是備受爭議的概念。佛洛伊德對於「死亡本能」這個抽象概念，曾有希臘神話的「戰神」比喻，但另也有以佛教的Nirvana來象徵死亡本能。Nirvana就是我們的「涅槃」，以佛教在台灣的盛行和深化，「涅槃」是我們的常識了，在平時臨床討論會的觀察，我們對於死亡本能的排斥並不是很明顯，因此如果以「涅槃」來了解死亡本能，是否可能像après-coup對於Nachträglichkeit的事後新體會呢？這待觀察了。雖然我覺得這是我們在地文化，對於深化死亡本能概念，以及在臨床的運用時，是能深刻貢獻並豐富精神分析的一個條目，它影響的層面是很廣大的。

「潛意識」或「無意識」？

　　我是在這般自以為了解的假設上工作著，但是當好好思索，我會想，到底我們是以什麼自身的「語言串」，來了解眼前個案所說的或者理論術語呢？也就是，是否有可能每個精神分析的術語，或者偶發被使用的語詞，需要一系列的在地語詞貫串起來，才能貼近某理論語詞的了解？只是就一般的翻譯來說，總是需要一個簡單的語詞，做為那系列語詞的代表者。

　　如果我們說，個案是在描述心中的風景或旋律，那麼，要多少詞語才能算是「說清楚」呢？這是個案以語言說故事，翻譯自己心中的風景，語言如何翻譯景象，

就是一道有趣卻複雜的課題呢！能夠說得多清楚呢？也許有人就覺得，要多說話，倒不如拿起畫筆，畫出心中的風景會容易些，而且形象上比較接近心中的風景。我們是局外人，也想軋一腳，一起翻譯那風景，但只想以說話做為唯一的工具，天啊，這是什麼爛工作啊！

　　我在明顯不足的了解下，就一直做著這些事，宣稱是圍繞著精神分析的事情，這種隨著時日後續的了解，讓我假設，我心中早就有了自己不自覺的翻譯，不論是否全然依循譯詞的表面意義，但是我突然覺得，這是一連串語言的篇章所構成的，而這發生在精神分析本身。例如，當以「伊底帕斯情結」來形容家庭裡孩童心理的羅曼史片段，如果我們這麼說也不致於太違和，佛洛伊德是以伊底帕斯王的故事，來翻譯我們觀察到的孩童心理羅曼史。

　　雖然直到目前，精神分析已經存在百年以上了，可能大部分人是以「伊底帕斯情結」，做為「了解」眼前個案問題的方式，不會說這只是一種「翻譯」。不過如果要指涉的是複雜的心理領域，一個語詞能夠描述某種心理模樣，我們就希望那是我們對它的了解？有趣的是，何以大部分人是以「了解」來做為說明，而不是認為那只是「翻譯」？或者「只是翻譯」是什麼意思？

　　難道除了翻譯之外，如果還有其它的，就都是多餘的？包括我們喜歡宣稱的，了解某個人有伊底帕斯情結，

何不是這種想法：我在他的情況裡發現了，可以用伊底帕斯情結做為翻譯的詞語？但是個案可能不喜歡這個翻譯，而另有其它主張，不過更有趣的是，如果他覺得自己的狀況不是治療師想翻譯的那些語詞時，他可能會覺得治療師不了解他。也許這種實作裡遭遇的現象，是大家喜歡甚至相信，「翻譯」是有「了解」的意思，甚至不再認為這只是翻譯，而是希望它說出了解對方是怎麼回事的語詞。

　　尤其是如果我們勇敢宣稱，實作精神分析或心理治療時，是探索語言難以觸及或者無法觸及的領域，那麼，我們還宣稱在「翻譯」症狀，這是什麼意思呢？這是可能的事嗎？但是總得有個名稱做路標，一如「台北」做為地名，至於台北是什麼，則是一言難盡的場域。我們說這領域是Ucs，有人譯為「潛意識」或「無意識」，這是什麼意思呢？「潛」和「無」是掛在「意識」的頭上，做為標示自己是什麼，就目前字面來看，兩者是差異很大，兩個字的後續聯想，也有不同天地裡的語詞。這個「無」是指沒有嗎？或是有可能會「無中生有」的「無」呢？也許比昂是如此假設，才說有思考就在那裡，只等待思考者找到它。

　　當佛洛伊德提及，被潛抑的內容構成了Ucs的內涵時，這也是「有」而且是潛在的「有」，是潛意識的意思。這是指潛在的有，而無是「無中生有」的無，只是

不被自覺到，如果這樣，何以不是「不意識」或「不被意識」呢？是否更貼近佛洛伊德的原意呢？精神分析持續在發展中，我們只需要固著於佛洛伊德怎麼說嗎？但是任何的發展，對於一門嚴謹且嚴肅的學科來說，自然也得是一步一步構建起來。

更實質的是，不論是譯爲「潛意識」或「無意識」，是否目前大家在運用時的想法大致是接近的，也就是「潛」或「無」的字義延伸，在目前還沒有被充份運用而擴大兩者的差異。也就是，我們仍是繞著Ucs這個外來語來想它和談論它，但是以後呢？後人都直接以潛意識或無意識入手，想像精神分析時，會是什麼樣子呢？我無法馬上推論，不過倒是個有趣的議題，而且是影響重大的課題。或者爲了不被「潛」或「無」的任一方窄化了Ucs，就讓「潛意識」和「無意識」的議題持續存在著，讓這些爭論史構成我們在地的豐富篇章。

了解竟只是一種翻譯？

佛洛伊德當年對於電影是否能夠說清楚精神分析，是相當疑慮的。他是相信語言和文字，因此他一生著作無數，但是對於我們來說，還是值得重複思考的是，精神分析的翻譯是可能的嗎？這跟「了解」有關嗎？如果是了解了，那麼，何以無法直接有作用，而需要親身有分析和被分析的經驗呢？這是什麼意思呢？如果有關，

是指有了解後，才得以翻譯出來？那麼人了解自己，和自己了解別人，是可能的嗎？一種是self-knowledge，另一種是object-knowledge。

　　要依據什麼翻譯成我們的語言呢？是依著已有的理論，從已有的知識裡說出一番道理做為依據，或者如同精神分析就是一種實作，就是在實作裡，從兩人的處境裡開發出來的知識？雖然一開始是佛洛伊德的「自我分析」（self-analysis）（何以不是『自體分析』呢？），是在他父親過世後的失落裡開始，因此那是自我分析嗎？或是有著「缺席的父親」做為客體的分析過程？

　　如果回到我們主張的，聆聽個案的過程所累積的，一般說法裡的「了解對方」，其實是更接近翻譯的意義。我們從個案所說的故事和呈現的情感態度，加上我們自身的經驗和情感及理論，加以翻譯成我們認為的了解。雖然一般來說，我們是不太願意接受「了解」竟只是一種翻譯，不過人和人之間，是可能如同不同國度的人，就算我們聽著相同的語言。畢竟那些用語都在發展過程裡，有相當個人化的意義附著在表面的意義裡，至少做為精神分析取向專業職人，我們就是以這樣子的假設做為出發，來聆聽個案述說故事。

　　雖然翻譯一篇文章後，被翻譯的論文不會反彈、不滿或不高興，但是翻釋個案不自覺的心理內涵時，個案卻是會有反應的。精神分析是實作經驗的描繪，所累積

起來的知識體系，如果這些知識是what和why的累積，因個案的反應而採取更細緻的方法時，是有必要的妥協過程，就是how的過程。雙方如何在實作過程裡，降低馬上實踐知識體系的內容，來達成改變的期待，避免只變成如同催眠術的暗示。這些過程是讓翻譯精神分析和實作精神分析的差異得以呈現，不過這無損於兩者的比對經驗，來促成相互的知識累積。

　　關於精神分析取向的技術課題，曾有個有趣的故事。法國精神分析師Daniel Widlöcher 和哲學家的對話裡，談論《純金、銅、合金應用》時，表示法文曾把佛洛伊德要運用精神分析於心理治療時的重要說法，「分析的金」和「暗示的銅」，法文將銅譯為鉛，這可就差很多了。金和鉛一起等於是污染了金，而銅和金一起則是合金，硬度更高且依然美麗的合金。暗示的銅被譯為暗示的鉛時，是有劣鉛污染的意思，這個譯法帶來的結果是造成不少人擔心，是否精神分析的原創思考會因此而流失，造成了「純的」或「不純的」精神分析的論題。對於希望維持著如同掏金夢的精神分析者，他們的感受是困窘的，好像精神分析和心理治療在一起，精神分析就變成被污染的金屬廢渣了。

純或不純的精神分析？

　　如同精神分析本身知識的累積，是不斷地在實作裡，

事後回顧再來發現或看見，原來我們何以有某種翻譯，做爲了解的某種方式的緣由。這種緣由就是「依據」，也就是，依據的是後來的了解，不過這個前提是，有經過訓練的精神分析師或分析治療師；因此如果以有治療經驗的會員們爲基礎，提出這個累積和探索，我們的依據是什麼的基礎？前述純或不純的精神分析，以及是否被污染的現象，也將可能會顯現在，如何稱呼「精神分析取向心理治療師」。這個名稱既長又不順口，如果只稱「心理治療師」如何和其它非精神分析取向者有所區分？至於若要稱呼「分析治療師」，以便和「精神分析師」有所不同，將會帶來什麼結果？將會如何影響著精神分析取向心理治療（分析治療）的發展，也是個有趣的觀察點。

　　我們都做著一件相同的事，在診療室裡，以語言和情感，和被叫做「個案」或「病人」的人有語言交流。這些交流的經驗，以及能否讓我們和個案長久工作，都會牽動著我們有多少信心要了解自己。這種信心也是需要思索的，並非單純的能夠保持著個案，就一定是對的。我們也可以從克萊因移植佛洛伊德的概念，看見所發生的有趣現象；佛洛伊德的「死亡本能」概念，被克萊因譯爲「破壞本能」，或者說是強調死亡本能成份裡的破壞本能，但是如前提過的，如果我們以「涅槃」來解讀死亡本能，是可能帶來豐富的補充。另外，從佛洛伊德的

Ucs，到克萊因的phantasy，還特別強調不是fantasy，差別在於後者是意識層次的幻想。至於把Ucs譯成phantasy，讓克萊因創造了不少精彩的論點，但這是擴展Ucs或是窄化呢？或者只是替Ucs增加了一道光芒？在目前下結論仍還太早。

　　或者直接引進外來語的翻譯經驗，一如引進精神分析的理論，來說明診療室裡的經驗，這是一般的想像，以為這樣子最直接，最能夠保留原本的樣貌。不過這種假設並不必然是實作過程的實情，而是被期待的應然，不必然是實然。如前所述，任何人很難完全把自己的經驗放在一旁，然後有另一套完全是外來語概念的經驗，再被搬出來做為心理治療的基礎。

　　如果以臺灣精神分析學會的會員做為基礎，也許可以幻想還有其他人來比較，但是就從我們的會員開始，如果大家都持續著臨床實作的專業職人社群，並在日常實作經驗裡消化外來辭彙的功用和侷限，那麼也許可以漸漸了解，我們不自覺地會以多少個在地語彙構成一個語串，以這語串做為了解外來語的經驗？因此某些濃縮的語詞或譯詞，就不再只是一個語詞，而是連續篇章串起來的景象。這比較像是小說的過程，有了情節、細節和過程，來構成這個心中的風景和意象。

Narcissism是水仙也是自戀？

最後，以narcissism為例，佛洛伊德在1914年以〈On Narcissism: An Introduction〉引進這語詞，以前是Narcissus以美男子的名義活在希臘神話裡，他甚至拒絕美麗的回音女神Echo的親近，而一直看著水面裡自己的倒影，後來掉下水中，變成一朵水仙花的故事。這是美麗的故事，讀者不太會苛責Narcissus的舉動，何況他淹死後還是成為美麗的水仙。佛洛伊德以水仙花的故事，來說明人性裡有這個領域，是人要讓自己永遠傳承下去的力量。

佛洛伊德以神話故事來描述，人們有這種只愛著自己影子的可能性，但是佛洛伊德把這字眼拓展成，具有原始的性學和精神病的特質傾向，也把愛情裡加進了有narcissism的風味。雖然神話裡，回音仙子和Narcissus的愛情是失敗的結果，卻蛻變出水仙花，佛洛伊德在這篇文章並不強調，那些死亡的傾向也頗有生的蛻變味道，但他在希臘神話所描繪的神話意義裡，加進了個人臨床觀察的推衍。

以這些事例來看，我相信在未來，仍會有其它的情況會出現，或者會把narcissism推向更狹窄的定義，以容易捕捉這個語詞想傳遞的內容。但是如果這樣的話，也從以上的說明裡可以看出，一個詞的被運用，是某種程度的回到歷史的牽連，但又被增添了其它微妙的內涵，

也讓1968年起，美國的精神醫學診斷條例（DSM）藉由narcissistic personality disorder 的語詞，把Narcissus帶進精神醫學的診斷裡，不過已不再與美麗有關了，而是強調只愛自己，會掉進水中淹死的比喻情節，也不會死後長出美麗令人懷念的水仙花了。也就是，從神話到心理學，這語詞的某些部分被棄置一旁，例如Narcissus的美貌。這是一個語詞的演變，當我們把它譯為「自戀」，雖然這語詞的翻譯並沒有引發我們的爭議，但我們使用「自戀」這詞語來談論心理世界時，雖然我們常說「戀愛」是愛的過程裡的某個階段，但何以不是被以「自愛」翻譯呢？或者我們會覺得「自愛」是愛嗎？這是從我們的語詞「愛」的定義而問出的疑惑。也就是，我們覺得「戀」和「愛」是相同的語意嗎？如果相同，何以我們常聽到的是「自戀」，而這種情境很少被說成是「自愛」呢？

這是活的過程、動態的過程，語言如此、心理也如此，如何讓差異成為我們未來的資源，而不只是簡易的判定對或錯，這是我們從理論的翻譯，也從實作的詮釋裡，值得再想像的事。

路過小時候的故事
口風很緊的紅蜻蜓
揚言今年夏天
第一朵小黃花永遠屬於它
還好只有三歲小孩
聽得懂
夏天從今天起偽裝成
小紫花的春天

回到佛洛伊德

歇斯底里的命運簡史

　　什麼是回到佛洛伊德？回到他的什麼呢？

　　在文獻史裡，已有很多人這麼宣稱，要回到佛洛伊德。對我來說，更像是一種態度，就算經過一百多年，後世者另有焦點和創意，但再走下去就會呈現更多的歧異。如何讓歧異也是可能互動的呢？這需要一個平台，而佛洛伊德的說法，就是最佳的平台。不是一定正確，而是值得從目前的實作經驗和疑惑裡，提出疑問再回到佛洛伊德的文本裡，尋找古典說法，再往前走。

　　談論歇斯底里的命運簡史，不只為了要了解歇斯底里的某些片斷，而是要往前走進當代診療室裡的實情，雖然有人說，歇斯底里消失了，邊緣型的時代來臨。實情是，歇斯底里不曾消失，但是在當代的視野裡，它似乎被捲進了，自戀、邊緣、分裂、空洞、抑鬱和憤怒裡，不再只是佛洛伊德的眼光所篩選過的視野。

1.跟佛洛伊德打交道

其實，這是眞歹勢的事情。

竟然在2014年，接近年底了，還要談什麼佛洛伊德？頭殼有沒有歹去了？值得再談他嗎？不過，想要談「回到佛洛伊德」，這件事已在心中記掛很久了。好像小時候，看著掛在屋外騎樓下（但那不是「樓」啊！沒關係！就借用這個現代化名詞），曬衣服的竹竿上，掛著風乾中的香腸，每回看著它，總是想著什麼時候可以吃？這是我覺得歹勢的原因吧？因爲我原本要談談佛洛伊德，卻是先想到小時候的香腸。

想起了這件事，應該找個機會談一下佛洛伊德。他的論點很有名，但不少人認爲他說了滿口的髒話，到處都是性。但是我卻深刻記得，當年（其實已經是三十六年前的事），醫學生的時代，那時候，有件往事常常出現，不過不是干擾，而是令人覺得好笑，卻又深刻影響自己的經驗。

也許像台灣歌曲，從夜市起家。這是很個人化的經驗，當年，常常在高雄民生夜市，和喜歡文學的同學們，一起吃吃喝喝，這是很實在且正直的事。學長李宇宙總是吹噓（眞的是吹噓，台語叫做『膨風』），佛洛伊德有多麼屬害（也許有幾分『火影忍者』的味道），有多麼好玩。不過是遙遠地方，一個已經死掉的人，還有什麼十分屬害的地方呢？

　　首先，那是在戒嚴時代。我們看著「志文出版社」的「新潮文庫」，除了翻譯的文學作品，還混有一些佛洛伊德、榮格、弗洛姆等的翻譯作品。就我來說，真的就如英國精神分析師David Millar兩週前，來台灣演講時提及的「說故事」。台灣那個時候，談論文學和佛洛伊德，也像是說著遙遠的故事，回頭來看，就更像是故事了。

　　當時，是有些冒險，或者在戒嚴時代，那算是比較不冒險的事情吧？相較於當年，一些文青（這詞起源何時啊？）偷偷摸摸去找住左營的葉石濤前輩，聽他談他被抓進去牢裡，很久之後，有一天（我不記得，他是否有談到確切的時間？）早上洗臉時（也許是晚上洗澡時），突然發現內褲底下，還有一根，會硬起來。哇，這是多麼重大的發現啊！

　　是不是文明的重大發現？這可再議，卻是真的生命存在的重大發現，是生命跡象存在的現象。不只是會吃飯。我甚至已經忘記，當時的一群人是否有女同學同行？這是多麼禁忌的事啊，政治再加上那一根，都是很危險的事啊！

　　也許，當時在民生夜市時，應該有人敢自由地問，佛洛伊德的酒品，到底好不好？不過，這個命題不必有答案也沒有關係，除非有人真的很介意，一定要找出答案，那就委託有志的人去做了，對我來說，有些問題我

想要保持神秘，這個問題是其中之一。

　　不過這系列文章，不是要談我自己，而是談佛洛伊德，但是因為我個人跟佛洛伊德的關係，是在夜市裡聽著故事建立起來的，而且看來是很堅固的關係。

　　是啊，真沒想到，我跟佛洛伊德是這樣子建立關係。這也沒辦法啊，學生時代，無法在西餐牛排店跟佛洛伊德有關係。但是，當我說要「回到佛洛伊德」，這到底是什麼意思呢？（夜市要收攤了，老板將燈熄掉了，不過，這只是形容心中的感覺。高雄的夜市老板，不會這麼不近人情。但是這些事，真的要下次再說了。我反而顯得不近人情？）

(2014.11.07)

2.跟佛洛伊德有關係的方式

　　真的？還要再談，一個已經死去的人？

　　原本想隔幾天再寫第二篇，但是今天早上心中有個干擾，還是先回到這個筆記裡澄清一些吧。

　　能澄情什麼問題？如果問題還是很模糊的話。記得佛洛伊德曾說過，對於我們無法看見的敵人，我們哪知道如何打敗它呢？不過，我知道我這個印象，不是佛洛伊德原本所說的話的複印，我在這系列文字無意那麼學術性。

　　只是想著一個很令我困惑的問題，為什麼我和同事

們在佛洛伊德的文本裡打轉，而且不同時候再回去參考他的文章，總是有所收獲的新了解。但是爲什麼仍不時有老問題？佛洛伊德不過是老東西、老傢伙，何況，他還曾經說錯那麼多話？

　　一直在佛洛伊德文本裡打轉的人，一定很奇怪。我幾乎相信這個疑問。

　　其實，也沒錯，就從這種奇怪開始吧，這才是實情，而不是還要一直解釋佛洛伊德是多麼偉大啊。

　　好吧，就算是偉大，也可能過時啊。這我可就無法辯解了，雖然精神分析做爲文明產物，也不過百年而已，其實只是在地上，還無法在天空飛啊。

　　不過，我說這些，可能還是太嚴肅了。

　　好吧，就轉換一下說故事的方式。但是我被早上的心中模糊干擾困住了，還不知那是什麼困擾前，大概我很難再以開玩笑方式，談佛洛伊德這個曾經年輕，也曾經年老的人，他在人生裡吐露出來的文字，讓他得到「哥德獎」。但是也有當代精神分析師說，佛洛伊德得到哥德獎是因爲德文的優美，而不是他所寫的內容。

　　好吧，都可以啦，反正註定要在被誤解和被了解裡，起起伏伏。雖然我的經驗常覺得，被了解的不一定是眞的了解，被誤解的也不一定是被誤解。

　　唉，我又在搞混戰了，沒關係，這是這系列文字的目的之一。

　　每個人跟佛洛伊德有關係的方式，都是很個人化的意義，這以後再慢慢說。因我現在清楚了，今天想寫的必須回到標題「回到佛洛伊德」。為什麼要回到佛洛伊德？能夠回去嗎？有必要回去嗎？

　　對我來說，這個命題是有些像，是否回到家鄉那般。回家的意義，就是有很複雜的感受吧。不必然只是知識，而是有情感，但那只是我個人的情感，別人是難以了解的，也許這也是何以別人質疑佛洛伊德時，就算我們如何努力回答，總是很難精準的原因，因為有眾多個人的情感因素，讓我們對於質疑的本質，難以掌握吧？

　　哇，又嚴肅了，就嚴肅到底吧，希望下一篇可以輕鬆些。

　　那麼，我要嚴肅的是什麼呢？我想說的「回到佛洛伊德」，不是只回到他的文本，而是回到他當年的冒險，進入一個沒有被語言穿透的領域。為了說清楚那裡有什麼，他從各種已有的學門裡獲取語詞，來描述他的經驗，這才是我要說的「回到佛洛伊德」的主要目的。

　　不知道這麼說是否太嚴肅，不過這時候我才真正知道，這真的是嚴肅的話題，就算我想要輕鬆說還是有困難。

　　但是，我還是忍不住想問自己，真的嗎？如果佛洛伊德真的是老東西，需要回到他那裡嗎？他不但老了，而且已經死去那麼久了……

(2014.11.08)

3.歇斯底里的命運史(一)

　　也許就先不管，談論一個死去百年的人，是否能讓大家願意再重新想一些事情。我就直接回到那個時代，雖然我的腦海馬上浮現，什麼叫做「回到那個時代」？當我說「我小時候偷了一顆蓮霧、兩顆土拔仔」，「小時候」就是那樣子嗎？

　　其實，精神分析的經驗早就告訴我，故事不是那麼單純。不過，總要開始說些話吧。我就先談一些名詞，做為進一步思索的開始。何以要先談名詞呢？因為名詞的界定，就定義了一個新時代的誕生或舊時代的消失。

　　在佛洛伊德年輕時，精神醫學以及心理學其實還很幼稚，那時候的精神病人（我還是沿用改為『思覺失調症』之前的用語），到底是生什麼病仍是一個謎題。佛洛伊德年輕時做為神經科醫師，還在實驗室裡描繪神經元細胞的圖譜，那時候，大家寄望從劃時代的神經學研究裡，嘗試找出一些神經疾病的治療方法。

　　先跳開一下。台灣的口頭禪「神經病」是罵人的話，這當然會被告，但是奇怪啊，何以「神經病」這個詞會變成這般落魄地步呢？它不就只是描述神經有問題嗎？但是從醫學史的發展來看，在台灣或其它國家，神經、精神兩科原本是一家，（我的理解若沒錯，英國早期的外科，是在理髮師公會底下。不過，這是另一件事。）在此我要表達的是，目前好像有清楚定義的精神疾病，

只因為有個診斷條例，大家就以為已經有答案？

其實還很早啦。目前是在生物、心理、社會等要素裡打轉，離真正了解我們眼前的精神疾病，可能還要很久。只是每個人的喜歡傾向有所不同，而有不同程度的強調。有人不同意這說法，沒關係，以後慢慢談。畢竟要談歷史的佛洛伊德，當然也是藉他來看眼前的事情。

至於，佛洛伊德年輕時，甚至他死的時候1939年，對於精神疾病的定義是百家爭鳴。例如，有位叫做克雷佩林(Emil Kraepelin)的人，提出以描述的方式定義精神疾病，尤其是針對具體可見的症狀，如幻聽、妄想等症狀。這學派至今仍深刻影響著當前的精神醫學診斷條例，乍看算是贏家，但是不急，所謂科學，就是還會改變的意思。

另有叫做布魯爾(Eugen Bleuler)的人，以一些被當代稱為是「負性症狀」，如退縮和自閉及明顯違反現實的矛盾等，做為定義「精神分裂症」。布魯爾是首位使用「schizophrenia」(原譯『精神分裂症』，現在改為『思覺失調症』) 這名詞的人。不過，如果要細談這些名詞，又更複雜了。這系列文章，我主要是想談「歇斯底里」的命運史。

但是，對於所謂的「精神官能症」，在當時也是謎題。當時，相對於嚴重脫離現實的「精神病」，精神官能症仍不是被注意的主要焦點，但有一些令人困惑的病

人。而我們熟悉的所謂「歇斯底里」，那是什麼呢？「歇斯底里」也有它自己的命運史，在當時，也是有人爭著要定義的疾病，佛洛伊德是其中之一。

這樣的爭議氣氛裡，當然，就還有很多故事和想法可以再談。

(2014.11.11)

4. 歇斯底里的命運史（二）

今天督導學員時，治療師報告了一位可說是很古典的臨床案例，我的意思是指很佛洛伊德式的個案群；佛洛伊德在《精神官能症的研究》裡，以歇斯底里症和強迫症為核心。今天這案例可說是很符合歇斯底里症定義的案例，討論時，我們也提到現今如果要診斷某個案是歇斯底里，搞不好會被罵翻天，這責罵可能來自個案。

因為有了精神疾病的診斷條例後，原本屬於歇斯底里症定義的診斷，被切成很多不同的診斷，如焦慮症、恐慌症、慮病症等等。但是，當我們說這個案是歇斯底里的古典案例，這是什麼意思呢？

讓我想起這案例並寫在這裡的原因（其實，是說完後才想起，然後現在再整理寫下來），如同她描述自己時，她只是重複陳述她的人生遭遇（不便談細節），然後，我們如果依她的陳述，也同意那就是她的人生，接著進一步，我們也依經驗覺得，她其實有歇斯底里症的

特質。

　　但是，事情這麼簡單嗎？

　　個案在治療過程裡，讓我們想直接告訴個案問題的潛在原因，因為有從個案的口述故事裡浮現出來，只是個案都是以疑問的方式呈現。也就是說，是疑問，好像個案想要治療者給她答案，如果我們直接說出她已說過的內容，通常是遭遇強烈抵抗，她反而覺得我們不了解她，讓治療變成了真正的人生困境。

　　其實，這也反映精神分析和整個社會的關係困境。

　　顯然地（其實也沒那麼顯然），如果我們只是重複述說精神分析理論，那就像這個個案重複跟我說著，她對於自己的問題和人生的認識，如同社會對精神分析還是會困惑、疑惑或質疑。如果要再往前走，就不能只是重述精神分析理論，讓社會知道大家已經知道的內容，而是得回頭再談歷史，嘗試加進不同的元素。

　　這個想法其實很簡單，一點也不高貴，但這時提起這個想法，卻是有用的，讓我寫這系列文章的「真正」想法浮現出來……，我想到的是，接下來，回到佛洛伊德的文本，從全集第一冊起一篇一篇再重讀，但以新的元素來表達，也就是以疑問的方式來重說，而不是以那是明確的知識來重說。嘗試了解佛洛伊德曾使用哪些其它學門的語言，來描述人的心理世界？以及是否有可能有新的語言，來重說當年的故事？

這是我先前曾以其它方式說過的，「回到佛洛伊德」。

也就是說，如果我們硬塞理論給個案是無用的，那麼，我只再重述佛洛伊德的知識讓大家知道，想必效果也是有限。這個發現在其它場合，或者一般人的經驗裡，其實並不新鮮，但是此刻卻讓我開了眼界，突然覺得這系列文字的路上有新出路。這是我再一次回到原先的想法。

(2014.11.13)

5.歇斯底里症消失了嗎？別鬧了，子宮

一度傳說，歇斯底里不見了。是子宮不再亂跑了？是誰使用威權，讓子宮嚇得不敢再亂動？或者是某種專業的權威，將「子宮」這兩個字改變它的屬性，從具體的子宮，變成了抽象象徵的子宮？

這是怎麼回事？歇斯底里症會像一些生理疾病，或如消失中的恐龍那般，就從人類歷史裡消失無蹤嗎？的確有此一說，歇斯底里消失或沒落了，取而代之的是邊緣型人格違常。這種說法是什麼意思呢？這兩種精神疾病是某種流行病，而出現了一些消長嗎？

在一些外國精神分析師的說法裡，上世紀早期同儕之間談話時，只要談到個案，通常都會先澄清所談的個案是精神官能症（尤其是歇斯底里症）或是精神病？後來逐漸地大家會澄清的是，個案是精神官能症或是邊緣

型個案？對於精神官能症個案的焦點，也不再只是佛洛
伊德當年所描述的歇斯底里症（強迫症依然是明顯存在
的案例），這種變化裡所流露的是什麼訊息呢？

　　回到佛洛伊德的時代，那時候，認為歇斯底里症是
因子宮在身體內的游移，這是當時對於一些表面症狀，
試圖要做深度解釋所提出的假設，當時的醫學界也有人
很深信這種主張。現在想起來會覺得，以子宮的游移做
為歇斯底里症的病因，看來很好笑而且搞笑，但只是好
笑嗎？

　　難道沒有其它值得想像的嗎？不過，據傳當年佛洛
伊德在某次醫學會，討論報告某男人的歇斯底里症，幾
乎是被嘲笑的場景。如果有同事因這樣的報告，而要跟你
斷絕友誼，這是難以想像的事嗎？在當時卻是可能的事。

　　首先，這是生理學的解釋，以子宮的移動做為理由，
畢竟，那時候的解剖學或身體造影術，相對來說仍是遠
遠落後。但歇斯底里症的診斷逐漸減少，是因為這些生
理學檢查的進展嗎？這倒不必然。

　　有趣的是，甚至在台灣，有時候還是聽得到，個案
說自己的情緒發作是歇斯底里，也就是說，「歇斯底里」
被當作表達自己很情緒化，或者做為評論別人情緒化的說
詞。「歇斯底里」這個名詞還在人們心中，也許未來會
漸漸變成是一種罵人之詞而被禁用也說不定。但是何以
歇斯底里症，在臨床上少出現做為診斷詞了？這是意味

著歇斯底里症相關的症狀消失了嗎？或者是診斷者已經另有它愛，而不再看上這個診斷了？另有其它因素可能是什麼呢？

初步的想法是覺得，需要先考慮至少兩項因素。一是精神科診斷條例DSM的影響；二是個案所自覺表達出來的主訴症狀，是否因時代而有所偏移，造成了診斷項目的改變？也就是說，每個時代是否有某些因素影響著，什麼症狀會被突顯出來，做為時代明顯的症狀群？三是或者就症狀本身來說，症狀仍是存在著，只是被用不同的SELECTED FACT（被選擇的事實），來重新描述了這些症狀，讓原先的名詞好像消失了？歇斯底里症裡的症狀群解散後，被重組進入其它的診斷？

接下來，我會先談論這些問題，然後，以這些為基礎，做為我進一步考察佛洛伊德書寫的文本。畢竟，他是以研究歇斯底里和強迫症起家，我也以此做為我「回到佛洛伊德」的方向，回到歷史的目的，是問我自己是否另有其它名詞，需要被引進來解釋人類心靈的複雜？但又是在原有基礎上往前走。

(2014.11.19)

6.歇斯底里症如何被改名換姓？

不必賣關子，就先說結論吧。

　　你相信改名換姓能夠改變什麼嗎？你想過精神醫學裡，曾經是很重要的診斷名稱「歇斯底里症」，它是如何逐漸被改名換姓？那麼，它現在到底還存在嗎？以什麼樣貌存在呢？我們需要替它的被改變而失落嗎？

　　這系列文章，結論不是最重要的，重要是過程。這句話，大家都聽過很多很多遍了吧，在這裡我還是得用上這句話。你看，話語就是這麼神奇。

　　結論是：歇斯底里症的個案不曾消失過，仍常出現在診間。只是一群類似的症狀群，被後來不同的診斷名稱，切成不同的診斷。例如，憂鬱症、恐慌症、焦慮症、慮病症等等。

　　我了解這種說法容易被誤解，需要仔細且更長期來看個案的臨床症狀，至少，至今我是這麼相信。

　　目前如果硬要對個案說，他們是歇斯底里症，可能就像是罵人歇斯底里那般。這個名稱變得有些惡名昭彰的模樣，我當然知道沒必要硬推這個概念，但是就精神分析後設心理學來說，這些自佛洛伊德以降的論述，如果談論的是已經不再存在的症狀群，就意味著佛洛伊德的理論只是古董，甚至讓這些文明的成就，在臨床上，不再有機會做為思索的起點，只因為診斷名稱已經改了新名詞？新名詞自有自己的路，也很難回到自己的根基，這不是很可惜嗎？更何況歇斯底里症真的沒有消失，仍頻繁出現在診間啊。

　　因此，我所說的結論不重要，重要的是流程，意指的是我得走遠路，一如先前曾提過，這系列文章裡追溯佛洛伊德面對表面的一些症狀群，但他假設有潛意識的意涵時，他是如何從其它學門尋找語詞來描述。

　　他所觀察、經驗和想像的潛意識領域，一如當初水手們在茫茫大海上，後來設立經緯度那般（你看，我為了說明潛意識，在此就用大海來比喻），只期待在這般重新探尋的過程裡，呈現這種尋找新名詞，來描述臨床現象和症狀的舉動，其實，一直不曾消失過。

　　如今，這些新的稱謂到底是指出一條新出路，或只是讓原來的症狀群，被埋沒在新名詞打造出來的堡壘裡，更不見天日呢？我無法預測未來，但我試著回到佛洛伊德的文本，來看佛洛伊德引進新名詞，解釋不可見的潛意識時，他曾經走過哪些路？

　　或者，佛洛伊德走過的命名之路，可以對未來有什麼幫忙？目前，我還不知道，只是就先上路了，也很高興這樣子來來回回，思索到了第六回，終於比較確定這系列文章的真正用意。

　　也希望這過程會有其它額外的收獲，至少我會希望因此更看得見精神分析和其它學門，如，文學、藝術、人類學、醫學等曾有什麼樣的關係？

（2014.11.27）

7.回到歷史的黃昏?

　　新一年的第一天，關於精神分析，想要說些什麼?

　　「精神分析的發展，除了佛洛伊德在當年就感受到的，人性的阻抗，但是這句話太直白，看來只引來更多的阻抗，何以如此?把當年的話再說一遍，然後變成指責?好像精神分析說的一定對?如果不同，就是個案的阻抗?還是精神分析仍然有所不足，還有太多不了解的經驗，需要從自身經驗裡，再適度消化地引進其它學科辛苦的發現和陳述。」

　　關於精神分析的書寫，我目前有幾條線並行書寫中，但是回顧一下，還是決定以〈回到佛洛伊德：歇斯底里的命運史〉，做為新春的開始。

　　雖然有不少人，或者比不少人還更多的人認為，精神分析是過時的東西了。當然啊，必須承認精神分析自佛洛伊德以降，如果以《夢的解析》在1900發表至今，它是超過百年了，加上生物、基因和腦科學的快速豐碩進展，的確讓精神分析和精神分析取向心理治療備感壓力。

　　不時有人提出精神分析有危機的說法，相對於當年的興盛和流行，目前看來是不可能再如從前。這當然也是事實，所以就需要在這個現實上，再回頭看歷史，已經不是要大聲嚷嚷的時候了，而是回頭再深化了解自身和自身歷史的步伐。

　　在前文及其它文章，我曾提過再度以〈回到佛洛伊德〉爲題的目的，畢竟這個說法已有不少人提過，最有名的是法國的拉岡。但是我想要表達的，是略有不同。

　　我想要做的是，回到佛洛伊德的文本，不是替佛洛伊德的後設心理學辯駁，這種方式能帶來的溝通效應是有限的，尤其是針對精神分析學圈外，或不認同精神分析的人，有可能是趕走一種機會。如何在不同意和不認同的情況下，有一些立足點可以溝通思辨，而不是在性學理論上拼輸贏？

　　在2015年的新春，我再重整一下曾說過的話。

　　我意圖要回到佛洛伊德，是指回到臨床診療室的情景再出發，意指的是，回到佛洛伊德當年面對個案或坐在個案後頭，意圖了解個案所說的話語和症狀之外，還傳遞出來的語言外（或失語）的眞正意義。

　　當他說出要探索潛意識世界後，如何說明他的發現和想像呢？他從熟悉的文學、藝術、醫學、物理學、神話等等，借用一些語詞來描繪，他在診療室裡正在經驗的內容，好讓這些名詞可以像天空的北極星，引導人生或潛意識大海裡的孤獨身影，能夠替自己定位，到底此時此地正處在哪裡？

　　因此我的回到佛洛伊德，是再度回到那種狀態（水流過，永遠不可能再回頭，但是當年狀態仍會在此時此地，以不同方式現身，需要被辨識和說出來），雖然精

神分析百年來，相關書籍雜誌足以讓一個人花一輩子也讀不完，但是相關書愈多，就表示了解還不夠，還需要更多的了解。因此我的方法是回到佛洛伊德的文本裡，再觀察和描述他是如何藉用其它學門的材料，來描述他在診療室裡正在經驗的內容。

這只是方法，我覺得目前的精神分析術語，仍不足以描述人和人之間的實情，需要更細緻的臨床經驗。因此目的是期待，藉由這個觀察歷史和描述的過程，鋪陳精神分析和其它學門之間，未來更多互動和論述的基礎。也就是說，是因為不足，這不只是口頭的謙遜，而是面對個案複雜話語的真實感受。

我們仍還難以滿意地描述，個案為何會改變或不改變，雖然已經有了移情、阻抗、性學理論等等名詞，但是需要在這些語詞上再深入細緻，將已經有的心智地圖更細膩描繪，正如同佛洛伊德在那個時代做的。

(2015.01.01)

8.精神分析的史前史？

還是從古老時代的人談起，就從佛洛伊德英文標準版本的第一冊開始，最普通的說法是回到歷史，但在那裡要找出什麼呢？

其實，我還不知結果，我只知道要找出佛洛伊德走過的路，他一開始如何從其它場域裡，找來一些語言來

描述他眼前的個案？

　　首先，在全集第一冊裡，英譯者James Strachey所寫的總序，說明了一些德文版本的引用問題，以及英譯時翻譯的精確性課題，但也談論了更困難處理的風格問題。例如，名小說家Thomas Mann曾說，佛洛伊德的《圖騰與禁忌》，在它的結構和文學型式上，也是文學的佳作，具有純藝術的特質。

　　談這些都只是插曲。這本書英譯者以很長的篇幅，感謝了很多人，不過我要跳過英譯本的總序，開始談1886年（還真的是很久以前的事了）。全集裡的第一篇文章〈關於佛洛伊德在巴黎和柏林的研究報告〉，這篇談的是精神分析的史前史，也就是精神分析這個詞，還沒有出現前的狀況。

　　那時候，一般人或者不少醫師仍認為，歇斯底里是子宮在身體內亂移位的結果。在這個氣氛下，佛洛伊德去巴黎有名的醫院Salpêtrière，那醫院在當時被轉型成接納年老女人的家，幾乎可以容納五千人。以現在的觀念來看，這是一個可怕的數字吧，五千人常住的醫院，不過，那裡也是精神分析的重要啟蒙地，這是針對佛洛伊德來說。

　　佛洛伊德在1885年，獲得維也納大學的獎學金，當時他只是年輕的神經科醫師。他去尋訪當時的名師沙克（Jean-Martin Charcot, 1825-93），他是這醫院神經病理

學的主任。那裡是神經病理學的法國學派重鎮，佛洛伊德形容那裡可能有某種，他不熟悉且具有特色的工作模式。

　　佛洛伊德從巴黎回到維也納後，不久他完成了這篇報告文。那時是1886年4月22日，但是這篇文章直到1956年，以英文的型式首先重見天日。〈關於佛洛伊德在巴黎和柏林的研究報告〉的原稿，仍保持在維也納大學檔案處，共有十二頁手稿。

　　這篇報告顯示的是，佛洛伊德從神經科學，轉至心理學的重要轉捩點。

　　佛洛伊德後來總是高度讚許沙克對他的影響，當他抵達巴黎時，他是關切神經系統的解剖學，但是當他離開巴黎，他的心裡已經被歇斯底里的問題和催眠術所淹沒了，他走向精神病理學；有人將這個劃時代的轉捩點，定在1885年12月上旬，此時佛洛伊德結束在Salpêtrière病理學實驗室的研究工作。

　　這是歇斯底里症被心理學化的另一種開端，雖然這時離精神分析的出現，還有幾年的醞釀期，但是佛洛伊德將對歇斯底里症的了解，從精神官能症的混沌裡撐起了一片天。

(2015.01.04)

9.1885年佛洛伊德前往巴黎前的歇斯底里？

　　既然打算依著佛洛伊德文章的時間順序，探索佛洛伊德如何逐步地引進不同學門的名詞，來描述和了解人的心靈，但是對於人的心靈和心理的了解（這是後來才明顯化出來的課題），是從研究歇斯底里症起家的。

　　包括目前大家耳熟能詳的，所謂潛意識和黑暗世界的推論，能夠被思索、被推論和被討論，可說都是從歇斯底里的研究開始。

　　本系列文章第八回，是從英譯標準版的第一冊開始，那是1886年的報告，我們要進一步談論，何以佛洛伊德想去巴黎，跟著沙克（Charcot）學習呢？

　　依時間來看，我還是先描述一下，在他啟程前往巴黎前，對於那時代常見的歇斯底里的解讀是什麼？雖然至今有人會疑問，是否還需要研究歇斯底里？有人說它在臨床上已少見了，目前比較常見的是邊緣型人格違常啊，再談歇斯底里，有臨床的必要性嗎？

　　關於這點，我先簡短說明，其實歇斯底里不曾從臨床上消失，只是因為被診斷條例DSM診斷切割，而好像歇斯底里不見了。我假設隨著時間的前進，再度回到以前的認識，只是時間早晚的問題。最簡單的說法是，如果了解歇斯底里是什麼，再來看目前的診斷條例，就會了解我的假設，這是另一個話題先談到這裡。

　　至於邊緣型人格違常被看見，也是反映著臨床的實

境吧，因為邊緣型人格違常也不是晚近才出現，在佛洛伊德的時代，這種人格違常的現象就存在了。只是當時的視野，不是從這種診斷名稱的角度，那時候沒有被突顯來看，因此就被視而不見了。

這種忽視當然也出現在佛洛伊德視野的侷限，例如，後世者重讀佛洛伊德的古典案例，朵拉（Dora）和鼠人（Rat Man）等，都認為他們也有邊緣型人格違常的症狀，只是佛洛伊德在當年，只將視野放在了解和試圖解釋，歇斯底里的相關精神官能症症狀。

好吧，再回到十九世紀末吧。

那時候的歇斯底里症，讓醫師們很困擾，因為它所呈現的症狀，無法和已知的解剖學知識相配合。歇斯底里症傾向以相當任意的方式消失，或者出現，醫師也在思考著這是怎麼回事呢？是心理因素或器質性因素呢？不過由於難以了解，因此也有一些醫師覺得，這些症狀讓他們很不耐煩，甚至會覺得個案是瘋了或是裝病。

必須坦白說，在二十一世紀的今天，在臨床上，不少個案對於症狀具有心理學意義，仍是覺得那是假裝的意思。我們可以說，這是心理治療或精神分析發展會遭遇的困境，但是從另一角度來說，一個問題或現象在一個世紀後依然存在，這就意味著它有值得被探索了解的地方，而我們依然是了解不夠的。

這也可能是目前大家會傾向，理所當然覺得歇斯底

里已經消失了的重要原因吧。好吧，這點不是那麼容易被了解，我就不必堅持在目前硬要多說什麼。就回到佛洛伊德去巴黎前，他對於歇斯底里的一些了解。

　　從1882年起，佛洛伊德就頗受當時已很有名氣的同事布魯爾（Josef Breuer）的鼓勵，開始嘗試以暗示和催眠處理歇斯底里的症狀。這些治療的經驗和思索，以〈歇斯底里研究〉為題，被集結在英譯標準版的第二冊。以後再細談佛洛伊德和布魯爾的合作，這十幾年裡的初步成果的描述，1880到1895年間，「精神分析」這門學問和技術，如何從歇斯底里的研究裡，慢慢浮現出來。

(2015.01.06)

10. 沙克(Charcot)將歇斯底里界定為一種「功能性的神經疾病」

　　佛洛伊德出發前往巴黎，向沙克（Charcot）學習關於歇斯底里之前，佛洛伊德曾表示在1882年時，當時已頗有名氣的同事布魯爾（Breuer），跟他談論治療的一位年輕女歇斯底里症個案。這位個案就是精神分析史上相當經典的案例安娜歐（Anna O.），這是布魯爾以催眠術來治療歇斯底里的重要案例，也是佛洛伊德了解催眠術運用在歇斯底里症的狀況，也就是說，布魯爾對於精神分析的誕生，也是個具有重要決定性的角色。

　　佛洛伊德是透過老師布魯克（Ernst Brucke）認識當時的名醫布魯爾，在1876至1882年間，佛洛伊德跟隨布魯克學習神經生理學方面的研究，這是佛洛伊德的基礎，之後才慢慢走向精神分析心理學。這是漫長時間逐步發展出來的，在佛洛伊德爲了營生而離開研究工作，開始經營自己的診所後，他曾試著運用布魯爾的催眠技術於個案。

　　讓佛洛伊德印象深刻的是，他發現布魯爾的觀察，和他自己在診所的個案觀察是類似的，在還不了解歇斯底里的那個年代，佛洛伊德對於個案的觀察很仔細，因此總是有一些新發現，這和目前以現有的DSM診斷條例爲主，以爲認識那些條例內容，就是了解個案的年代是有所不同。雖然我覺得目前的認識反而是侷限的[2]，但是依照布魯爾的方式，處理和觀察他在診療室的個案後，由於效果與期待仍有差距，爲了突破現況，佛洛伊德逐漸在他的年代開啓了精神分析的路。

---

2. 這是同事Yang引述某醫師的說法：「很多時候，我們連病因都不清楚。爲了醫學的傳統，我們想瞭解病因、發展治療，所以做研究。爲了做研究，把疾病表現最典型的一群人，訂立準則劃分出來，據以研究：那些臨床表現模模糊糊的一群人，既難以歸類，也不適合收案做研究，所以未分類（not otherwise specified）或簡稱『其他（other）』。所以當這群模糊的樣貌出現時，我們就知道它不典型，它也許在兩個類別的光譜之間，也許與相關分類的疾病有些相似，但也有很多等待探索之處。瞭解DSM-5診斷的意涵，在於將最典型的個案分門別類方便研究，不是爲了給予診斷，才不會落入分類、貼標籤的侷限中。」我的想法是這樣：「向這個想法致上敬意，雖然這可能不是大部分精神科醫生的想法，但是這個想法也是條出路，因臨床上大部分個案如果被仔細看，可能大都是在未分類（not otherwise specified）或簡稱『其他（other）』？」

　　但是不會這麼快就有結果，佛洛伊德還有其它的學習之旅。由於臨床處理的困境，激發他想要學習更多關於歇斯底里症的治療，在前一篇提過的，他去了沙克那裡訪學。因爲沙克當時已經放棄了古老中世紀以降的論點，不再認爲歇斯底里是源於子宮移位，或者被當作可能是一種詐病。沙克替歇斯底里描述了完整的疾病輪廓，並且將這疾病變成一個值得研究的主題。

　　沙克將歇斯底里界定爲一種「功能性的神經疾病」。所謂功能性的問題，是指相對於有生理因素的問題，是一種功能的暫時影響，意味著這和其它具有生理起源的精神疾病是有所不同。「功能性的神經疾病」這個名稱，是歇斯底的命運史裡的一大步，這是重要的一步，因爲這個名詞的介入就開啓了新的方向，雖然走到目前，生物學和基因學的強盛，讓歇斯底里的探究以生理學作爲疾病的基礎，但是對於精神分析或心理學來說，仍不是完全挫敗，因爲從臨床的觀察來說，心理的精神性影響仍是臨床上的常見現象。

　　沙克當時觀察歇斯底里式所呈現的麻痺（hysterical paralysis），對照身體的解剖學分佈方式，是不同於神經性的麻痺（neurological paralysis）。爲了證明歇斯底里是源於心理學因素，而不是起源於生物學因素，沙克運用催眠式的暗示（hypnotic suggestion）讓歇斯底里症狀出現或消失。但是沙克的催眠暗示的目的，只要是用於展

示個案症狀，而不是用於治療歇斯底里。

　　至於佛洛伊德爲了改善催眠技術，而跟Bernheim學習催眠術，就另一篇再談了。

(2015.01.07)

11.佛洛伊德對催眠和暗示的作法和態度

　　接下來先從歇斯底里的案例，回到佛洛伊德在發展出精神分析前，他所運用的治療方法，尤其是催眠和暗示(suggestion)。

　　以下是根據佛洛伊德全集英譯者James Strachey，在1966年整理對佛洛伊德對催眠和暗示的作法和態度。本篇是簡介，後續再由此進一步細談。

　　佛洛伊德在1886年從巴黎回到維也納後，他有好幾年，都是花力氣在學習運用催眠和暗示。佛洛伊德在他的臨床經驗裡，曾一度廣泛使用催眠術。他在學生時期，曾參加了一場由Hansen所舉行的公開表演催眠，佛洛伊德當時即頗受衝擊，也接受催眠的眞實性。

　　後來，他在維也納當神經學專家時，他使用了其它治療技術，例如，電療、水療和休息療法，來治療精神官能症。後來又再度回到催眠，但是他不久後就停止使用催眠了。他對於催眠和暗示的理論仍相當好奇，而且存在很長的一段時間。James Strachey表示，佛洛伊德雖然在臨床工作的早期，就放棄以催眠術做治療的方式，

但是在他的一生裡，他絕不會猶豫地表達他對於催眠術的感謝。

對於佛洛伊德和催眠的關係，我將會在這系列文章裡，花一些篇幅來談論。但是對我來說，印象最深刻的是，若回到談論精神分析取向的心理治療的發展，最重要的是佛洛伊德1919年的一篇論文〈精神分析治療進展的路程〉（Lines of advance in psycho-analytic therapy）裡提出了，如果要將精神分析運用到一般大眾時，在技術和理念上，需要做出什麼樣的修改呢？

因為在1918年，於布達佩斯舉辦精神分析的年會時，大家也討論，如何運用精神分析到當時第一次世界戰爭的戰場官能症（war neuroses）個案。

佛洛伊德提出的策略是「分析的金、暗示的銅」。

我在其它場合常提出這個例子，只是要說明不同目的。因為這個概念也是我目前在發展論述「精神分析取向心理治療」的重要參考模式。雖然對於什麼是「分析的金、暗示的銅」，仍有不同解讀，我的解讀方式是認為，「分析的金」是強調觀察和詮釋個案的移情（這是精神分析的精髓）。至於「暗示的銅」就是催眠式的暗示，只是隨著時日的變遷，已經不再是佛洛伊德當年盛行的催眠術了，而是變成目前大家常用的認知上的建議（suggestion），或者再加上支持等技術。

誠如英國精神分析師Alessandra Lemma在《精神分析

取向心理治療的實務引介》（Introduction to the Practice of Psychoanalytic Psychotherapy）裡表示，在當代很少精神分析取向者會公開評論貶抑其它的治療型式，因此討論的是，不同治療模式之間的不同，而不是何者較優秀。甚至在精神分析和精神分析取向心理治療之間，也是如此。

對於心智的改變，不是誰優誰劣，而是它們之間的不同，這不是只爲了外交因素，而是心智改變的複雜性。但是也沒有理由因此就要推翻，精神分析仍是了解或詮釋個案重要的管道。

接下來，詳述歇斯底里在歷史的訊息前，會花一些篇幅談論催眠術和暗示。

(2015.01.08)

12. 十九世紀末催眠術的一角

對於精神分析的廣泛運用，佛洛伊德提出的策略是「分析的金、暗示的銅」。

既提到暗示的銅，佛洛伊德也把這概念，當成是精神分析取向心理治療的主要核心方向。因此我將在這系列文章，談論佛洛伊德在精神分析發展之前，他在催眠和暗示（suggestion）的工作經驗。

大致可以這樣來理解，他起初投入催眠術，是做爲工作營生的方式，但是也經驗到了催眠術的侷限，因此

尋找出路，慢慢建構出精神分析。後來，當他在精神分析的發展已確立後，加上第一次世界戰爭，為了處理戰場官能症（意指因為戰場的壓力而出現精神官能症的症狀，無法再上戰場的官兵），考慮運用精神分析來協助這些戰場官能症的官兵時，他再度將早年被他放棄的催眠術又拉回來，而有「分析的金、暗示的銅」的名言。

　　這句名言也是精神分析運作於心理治療時的重要基礎論述。轉了一圈，拉回催眠術，只是佛洛伊德這時所談論的催眠術，並非完全回到當年催眠術的技藝，而是回到以精神分析為基礎的運用「暗示」。

　　因此要了解歇斯底里的概念史，也需要先仔細了解佛洛伊德對於催眠術的運用歷史。

　　依據佛洛伊德全集英文標準版譯者 J. Strachey 的說法，探索佛洛伊德當年訪學名師，是要精進他的催眠技術，但事實上，佛洛伊德並不認為自己是擅長催眠術的行家，或者他比其他人更真實地認識到催眠術的侷限。

　　佛洛伊德在 1925 年發表的《自傳研究》（An Autobiographical Study）裡提及這些經驗。他對於催眠術有效性的懷疑，是很早就出現了，他提到當年，曾說服一位難以深度催眠的個案，和他一起去找 Nancy 學派的催眠師 Bernheim。但是 Bernheim 也無法成功催眠這位個案，佛洛伊德還透露 Bernheim 曾向他承認，能夠很成功催眠的，只有那些住院中的個案。但是對於私人門診的個

案，則是無法成功催眠他們。

　　至於當年，跟佛洛伊德一起去Nancy的個案，有不少人猜測是誰？她有可能是Frau Emmy von N？不過這不是直接的證據。在英文標準版第二冊《歇斯底里研究》（Studies on Hysteria）中，佛洛伊德對這位女個案的報告註腳裡，曾提及這位個案讓他對於催眠術的無效性，有了具體的案例。

　　1891年，佛洛伊德替Anton Bum的醫學辭典，書寫催眠術條目時，他即明顯了解催眠的困難，甚至他常因此覺得不舒服而很懊惱。佛洛伊德後來在翻譯沙克的週二講堂（Tuesday Lectures）時所寫的註腳，再提及他面對催眠術的侷限時的懊惱。接著在1895年出版的《歇斯底里的研究》裡，其中一例是Miss Lucy R.案例研究報告，他再次提及催眠術的侷限。多年後，在1910年的《精神分析五講》（Five Lectures）裡，佛洛伊德回憶早期階段他自己走過的路，他表示，當他出盡全力，卻仍無法讓他的個案進入催眠狀態後，他決定放棄催眠術......

　　　　　　　　　　　　　　　　　　　　（2015.01.09）

13.關於催眠、暗示和歇斯底里

　　關於佛洛伊德和催眠術，為了讓我的書寫有個系統，我再重整一些想法和現有的知識，然後整理以前的閱讀筆記，因此先再簡略回顧精神分析的史前史。

　　這系列〈回到佛洛伊德〉的文章，起初是想要藉著回顧考古佛洛伊德的文獻，並探尋一個想法：佛洛伊德在當年，是如何一步一步吸納其它學門的概念，如文學、藝術、醫學等，來灌溉精神分析的發展。

　　當我以這種心情和想法，重回佛洛伊德的英譯標準版的第一冊後，先是佛洛伊德去法國巴黎訪名師沙克（Charcot）後寫的一篇報告（1886年）。這篇報告對佛洛伊德往後的工作生涯，可能是影響的關鍵點之一，雖然後來他並未完全採取沙克的理論和作法，但是沙克已經替佛洛伊德打開了眼界。這段歷史，對精神分析的早期發展史有興趣的學者來說，他這篇報告當然也是重要文章。

　　然後在1886年，他也寫了一篇翻譯沙克〈關於神經系統疾病的序言〉，這是佛洛伊德也是神經科醫師的一項證言，接下來他寫了一篇談論〈男性歇斯底里個案的嚴重半邊麻痺的觀察報告〉（1886年），我還未細論這篇文章，這是讓佛洛伊德和當時的醫學界，有重大衝突的報告。

　　因為當時認為，歇斯底里是女性子宮的位移所帶來的症狀，因此男人是不可能有歇斯底里症。現在回頭看這衝突點，會覺很好笑，但在當時可是醫學發展的重大爭議之一吧。這讓佛洛伊德被當代醫師排斥，因為當時已給歇斯底里一個起源學的病因論了。

　　如果是回到症狀學本身來看，佛洛伊德是正確的，需要重新找出緣由，來解釋歇斯底里的病因。佛洛伊德的好奇是在這個方向上，然後是1888年他有專文談論〈歇斯底里〉，論及症狀學、疾病過程和治療。這是出現在1900年《夢的解析》之前的文章。

　　雖然有人說歇斯底里已不見了，但是這句話仍要被懷疑，初步來說，是被DSM診斷條例任意切割得，好像歇斯底里不見了。加上「歇斯底里」這四個字，也愈來愈像個污名化的名稱，變成是過於情緒化的意思。但是既然談論科學，當然得再回到臨床來了解，我會再回到這篇相當早期的文章做一些探索。

　　然後是1888-1892年間，佛洛伊德所書寫的〈關於催眠和暗示〉（Papers on hypnotism and suggestion）的相關文章被集結在一起，由四篇主要文章構成這個主題。佛洛伊德當時對催眠術的描述和態度，是頗有趣的內容，他後來為了推廣精神分析，將其運用於一般人的心理治療時，所提出來的「分析的金、暗示的銅」，再回到「暗示的銅」的意義是什麼呢？

　　這讓我覺得，如果要多了解這句重要語言「分析的金、暗示的銅」，就得先回到佛洛伊德對於催眠術論點的再省視，雖然可以初步了解，這跟後來艾力克森再發展的催眠術是有所差別，但是再回到考古佛洛伊德的文章，也許會有新的發現吧。

　　加上我長期觀察廣義的「心理治療」史來說，目前我是粗略分成兩條主脈，一條是和精神分析相關較緊密的心理治療，另一條不論形態如何，多多少少帶有當年催眠術的痕跡或變型。這加深了我更好奇佛洛伊德當時的催眠概念，想再重新了解它們。最近，找出以前的閱讀筆記，我再看後覺得如果可以先將這些手寫文稿，打成出版文字，也是有趣的補充。然後我再回到接續上一回的文章，也許會有些重複的地方……

(2015.01.10)

14. 佛洛伊德發展精神分析前，和催眠術的關係（一）

　　以下是我以前的手寫筆記，關於佛洛伊德在精神分析發展前，他的催眠術相關經驗的片段。

　　談論歇斯底里的歷史前，先了解十九世紀末，精神疾病相關的治療策略裡，催眠術是當時的重要技術之一。催眠術至今，仍以不同的變異方式存在，因此我將花一些篇幅，介紹佛洛伊德逐步發展出精神分析模式前，他和催眠術的關係，以及他對於催眠術的態度。

　　1886年，佛洛伊德從巴黎遊學返回維也納，他的初期工作經驗和書寫，大都是呈現在英譯標準版的第一和第二冊。尤其是他和當時已是重要地位的醫師布魯爾（Breuer）合作的《歇斯底里的研究》裡，處處流露著催眠術的影子。

　　佛洛伊德也翻譯了當時的催眠大師Bernheim的小書《暗示》（suggestion）；也發表了一篇對於催眠充滿禮讚的案例報告，〈催眠術治療成功的一位案例〉(1892-93）。

　　佛洛伊德全集英譯版譯者James Strachey表示，觀察佛洛伊德（除了前述的兩篇文章）另有三篇重要文章，涉及催眠的課題。

　　首先是1889年的〈Review of August Forel's book on hypnotism〉。另兩篇是直到1963年才曝光的文章，一是1905年的〈Psychical （or Mental）Treatment〉，以及同一年發表的《性學三論》和案例《朵拉》。至於佛洛伊德的另一篇文章〈催眠術〉（Hypnosis），是他受邀替一本由Anton Bum編輯的醫學專書《Therapeutisches Lexikon》所寫的一章。這篇文章是1891年出版，第二版是1893年，第三版是1900年，也是《夢的解析》出版的年份。這些描述是讓讀者了解，佛洛伊德在精神分析發展成形前的治療模式以及相關想法，有了這些歷史，我們才能了解精神醫學和精神分析走到目前，尤其是「suggestion」在心理治療史的變化；如何從當年的「暗示」的型式，轉型成當代的「建議」的型式，這其間有多少差別，又有多少相似的基礎？

　　佛洛伊德在《自傳研究》（1925）裡，回顧他在學生時代時，參加了一場Hansen的公開活動，Hansen是磁

場理論者，佛洛伊德表示，他當時被催眠現象的眞實性
說服了。

在1882年，佛洛伊德認識了他未來合作對象布魯爾
（Breuer），他比佛洛伊德大十五歲，在當時已是頗有聲
名的醫師。布魯爾也常用催眠做爲治療的策略，在當時
的維也納，許多資深的醫師對於催眠術，仍是抱持高度
懷疑和警戒。例如，佛洛伊德在前述的Review文章裡，
提及他的老師Meynert所表達的說法。

30歲左右到巴黎沙克（Charcot）的工作場所，佛洛
伊德才發現催眠和暗示是被接受的，後來也變成他日常
工作的方式之一。佛洛伊德呈現這些經驗在他的〈我在
巴黎和柏林的研究報告〉（Report on my studies in Paris
and Berlin）裡，他談及他是如何深受沙克和催眠術的影
響。

佛洛伊德在1886年四月從巴黎回去維也納後不久，
在五月十一日對維也納物理學俱樂部，以及五月二十七
日對醫學會談論催眠術。

佛洛伊德在維也納的工作穩定下來，做爲神經科學
專家後，他嘗試使用當時的各種治療方式，例如，電療、
水療、休息痊癒療法，做爲處理精神官能症的方式，但是
後來又回到催眠術。

其實，由這段歷史來看，電療、水療和休息渡假療
法，這些概念在當年被認爲和精神官能症有關，因此也

都成為治療方法，尤其是Spa（水療）和休息渡假，在目前幾乎是日常生活的一部分，也的確被賦予了大家常說的「療癒」的功能。不過我們也必須再進一步想的是，這些早年的療法，成為我們的日常活動後，問題和症狀仍是存在，不能說這是無效的方式，但是離實質解決問題，仍有不少距離。

(2015.01.12)

15. 佛洛伊德發展精神分析前，和催眠術的關係（二）

不可否認的，在一般的口頭語和專業領域裡，有更多日常生活的部分被加進來，賦予了「療癒」的說詞。例如，繪畫、藝術、園藝、旅遊等，由這些現象可以看到，面對精神疾病時，一百多年前到現今，仍有不少方式、策略和想法，有些部分仍是重複的。

回頭來看，目前一般人的口頭禪般，覺得某些事物讓人有「療癒」的感覺，其實也有它的歷史......

佛洛伊德在1887年寫信給好朋友Fliess時，提及：「前幾個禮拜，我施行了一些催眠術，而且有或多或少的成功案例......」，在這封信裡，佛洛伊德也提及已經得到契約，翻譯Bernheim的《暗示》（suggestion）這本書。但是後來給Fliess的信裡，提到他翻譯Bernheim的書，並不全是出於熱誠，也不是有那麼強烈的意願，只是因為較實際的現實理由（Freud 1950, letter 5）。

　　佛洛伊德全集英譯版譯者James Strachey表示，毫無疑問的，催眠式的暗示是佛洛伊德那時關切的事，但是佛洛伊德在《自傳研究》（1925）裡的說法：「起初，我以其它意義運用催眠術，而不是運用催眠術的暗示......」。佛洛伊德在這段中所談的，其它意義的運用催眠術，可能是指和他合作的布魯爾（Breuer）的方式。布魯爾運用催眠術的方式，是為了追溯個案回到症狀的起源。

　　如果從佛洛伊德對當時催眠術的分類，是可以分成兩種，一是藉著催眠來回溯症狀的起源，假設回溯到生命發展過程裡的某個階段，是當年曾有某個起因（後來被形容是一種創傷），在後來的某個時候以「症狀」呈現出來。

　　另一種則不是追溯到往年的催眠術，而是以催眠方式，在過程裡給予暗示，假設個案從被催眠狀態恢復後，當事者仍潛在地記得催眠者給予的暗示。藉由給予暗示，來取代當事者原來的問題或症狀。也就是，不必然要回溯到生命早年的某個時段，來找出症狀的起源，只是以一個新的被暗示的內容，來取代原有的症狀。這些概念在早期，仍隱隱影響著精神分析，至今也有不少精神分析圈外的人，認為精神分析是這樣子。

　　例如，James Strachey認為，佛洛伊德處理Frau Emmy von N.這位女個案時，即是傾向愈來愈以布魯爾的宣洩方式（cathartic procedure），來達成假設要追溯個

案的症狀。回到起源的作法，在佛洛伊德全集英譯版的第一和第二集裡，有不少重要的案例。這些案例不論是否被大家所周知，這些案例的描述像是考古學的古蹟，呈現了當年出現的症狀的類別，以及當年的治療方式。

也許大家會覺得，當年的治療處理策略，是百年前的方式，已經都是古董了。其實，如果仔細閱讀，再觀察目前社會上呈現的多元治療模式裡，有不少仍像是當年的催眠和暗示，以不同比例的搭配模式，做為主要的治療架式，再加上一些目前的語言和概念。這對於了解當代的心理治療史，仍是重要的資料。

下回我約略介紹，佛洛伊德在處理前述的Emmy案例時的一些情節，包括關於宣洩方式的出現，以及佛洛伊德為了處理這個案的某些嘗試，絕對是很有趣的歷史資料，而且具有當代的意義。

(2015.01.12)

16.佛洛伊德發展精神分析前，和催眠術的關係（三）Emmy的故事

相對於另一個早期有名案例《安娜O》，佛洛伊德治療Emmy並不是很成功，卻是潛意識地影響佛洛伊德後來走向精神分析的重要經驗之一。

依據資料顯示，在Emmy的自傳裡，她的女兒Mentona

提及，Emmy曾到維也納尋訪當時的名醫，例如，可能是
Josef Breuer 或Rudolf Chrobak。Breuer後來和佛洛伊德合
作。之後，Emmy被轉介給佛洛伊德治療。Emmy的本名
是Fanny Moser ，1848年出生於瑞典的Winterthur，死於
1925年。

在1889年五月一日，Emmy首次造訪佛洛伊德，那時
她四十幾歲，比佛洛伊德大八歲。佛洛伊德形容她的堅
毅表情，前額和鼻樑旁的皺褶很明顯，看起是很痛苦的
神情。說話很低調、吃力，偶會突然像痙攣般停下來，
或者出現口吃。

值得稍描述一下當年的治療模式。由於Emmy和兩位
女兒的相處關係很緊張，佛洛伊德讓Emmy留在診所裡，
當時的常用處方包括，每天兩次的洗熱水澡和按摩。這
兩項在目前仍被大家當作有「療癒」的感覺，已經成為
我們日常生活的常識了，但在當時卻是醫療級的處方。
既是日常生活的一部分，大家都在做了，但是精神官能
症的問題依然存在，也意味著它療效的侷限。因此這種
有療癒的感受，到有治療的療效之間，可能有很寬廣的
可能性，也提供了各式治療的位置。

佛洛伊德曾描述，Emmy是位很容易進入催眠狀態的
個案，在催眠狀態，她會回溯到她早年受苦的恐懼，某
些妄想和幻覺般的症狀，如看見老鼠和青蛙。佛洛伊德
提及，他在催眠下給個案一些暗示，來袪除她的恐懼，

並且為了加強暗示的強度，他會在暗示時，同時輕輕按摩她的眼睛好幾回。

經過佛洛伊德的處理，這些症狀很快消失了，但也很快再回來。讀者可以觀察到這些百年前的治療模式，佛洛伊德後來不再做，而往精神分析發展，但是這些模式的變型，仍散在至今不同的治療模式裡。雖然佛洛伊德也深知，他的催眠所以會有短暫效果，是因為個案強烈相信他的權威，佛洛伊德認為，這是他的暗示有功能的潛在因素。

至於Emmy，對於佛洛伊德有潛在影響的是，當佛洛伊德催眠她，讓她回溯到生命早年的一些記憶和經驗時，佛洛伊德是首次運用了，後來稱為「宣洩」（cathartic method），或譯為「淨化」的治療方法。由於這個治療技術，至今仍存在於不少非精神分析取向的治療模式裡，我以後再專文談論這個方法的演變。

佛洛伊德治療Emmy的記錄，停在1889年六月二十日。看來個案是有不少進步，個案克服了搭火車的恐懼，前去她在瑞典的鄉間房子居住。佛洛伊德還曾在該年七月十八日，前往Nancy拜訪催眠師Hippolyte Bernheim的途中，順道去探視了Emmy。

在1890年一月，Emmy再發病，有研究者認為，這也許是佛洛伊德後來放棄催眠術的臨床經驗。佛洛伊德描述說，某位女性個案在很嚴重症狀時，藉由催眠術好像

完全清除了症狀，但卻在轉眼之間，又整個症狀再度出現。雖然在過程裡，總會覺得每次處理後，好像症狀被移除得更徹底了，但是再出現症狀卻是如此容易。

在1891年春天，佛洛伊德曾往Emmy家探視，這次，他仍是以催眠者的姿態，並在那裡停留了幾天，處理Emmy和女兒間的緊張關係。整個治療看來有些成效，由這片段也可以窺見，那個時代的治療模式和它的侷限。佛洛伊德後來在1920年，附加在案例的註腳裡，提及他和其他也曾治療過Emmy的醫師談過，他們也描述Emmy是位很容易被催眠的個案，容易被激怒，但也很容易再回復症狀。

佛洛伊德以一個字眼，形容這種個案是「強迫式的重複」（compulsion to repeat）。佛洛伊德用這字眼來連結死亡本能，意味著它的潛在破壞力，走向能量趨於零的死亡本能。這是後話，有機會再談。

這些都是發生在《夢的解析》（1900）出現前的治療模式和想法。

必須交待一下，Emmy對於佛洛伊德後來的治療技術的潛在影響是，Emmy在接受催眠回憶當年的受苦經驗時，對於佛洛伊德想要插話，藉此暗示她，來清除這些受苦記憶時，Emmy都會大聲說：「不要動！不要說話！不要碰我！」。這對佛洛伊德後來發展出精神分析的過程，是一個重要的前情提示。

(2015.01.14)

17.佛洛伊德發展精神分析前，和催眠術的關係（四）

受苦的回憶打開後，是否如潘朵拉盒子被貿然打開，而無法收拾？

本篇針對前一篇文章所提及的，宣洩技術的歷史概念，以及它以何種方式，仍存在目前的心理治療或一般心理學的行動裡？

Catharsis 為希臘文，有淨化和清除的意思。亞里士斯德認為，悲劇對於觀眾所造成的效應，是悲劇為一種嚴肅且完整動作的模擬，並藉著憐憫和恐懼來淨化這些情緒。我們目前中譯為「情緒宣洩」，而這等於「淨化」嗎？同一個詞，意圖產生這兩種功能？

在佛洛伊德的概念發展史裡，起初宣洩技術和催眠緊密相連，佛洛伊德很快就不再使用，藉由向個案暗示他們的症狀並不存在，而直接解消症狀的催眠。這是催眠式的暗示（hypnotic suggestion），以暗示「沒有」來取代原來的「有」，或者以另一個來取代原有的症狀。在目前演變成，例如以「正向思考」，取代被當作症狀的「負向思考」。

至於宣洩技術，是指利用催眠來誘出個案的回憶。也就是，藉由這方式讓原本存在症狀底下，卻被遺忘和抑制的經驗，重新出現在意識領域裡。這個技術的假設是，這些重新被喚起的記憶，讓個案在帶有驚人的強度

下，重新經驗當年被壓抑的情感。

　　依我的觀點，佛洛伊德那個時代的催化術，主要分成這兩類，一是催眠式暗示。另一是催眠式的宣洩。這兩種治療型式在目前仍有它的變型存在著，例如，前述的以某種想法來取代另一個想法的「建議」。不再說那是「暗示」，雖然都是suggestion，而「建議」有民主式的，可以自己選擇的意味，而不是暗示那般，是不自覺的被植入某些想法。但是實質上，兩者說法真有這種差異嗎？

　　至於催眠式的宣洩，不只是情緒宣洩而已，而是有回憶起某些以前失憶的材料，並在回憶起來後，也將當年同時存在的情感宣洩出來。如果考量後來精神分析對於阻抗（resistance）和移情（transference）的觀察，其實催眠式的暗示和催眠式的宣洩，好像談了當年受苦的經驗和情感，但是這些被回憶和說出來的經驗和情感，是否就是歷史的真實？

　　這仍是有疑義，加上如果貿然過早地，將過於受苦的回憶打開後，是否如潘朵拉盒子被貿然打開，而無法收拾？這對於精神分析要接近科學之路，也是不得不思索的課題。所謂接近科學，是指不能只看它的功用，還必須看它的副作用，和後續的破壞力。

　　例如，有些個案過早地談及當年創傷後，雖然哭泣有宣洩作用，卻反而使個案難以再持續進行治療。在臨

床上是常見的，就算治療者想要緩下來，有些個案像是自我催眠般，觸及了某些早年記憶或宣洩情緒，卻使個案反而害怕繼續心理治療，覺得是因心理治療，才讓他們的受苦感受浮現出來，讓他們比沒有治療前還要更受苦。

因此宣洩的作用，雖然仍是精神分析和心理治療過程裡，會存在的一項效應，只是它不再被精神分析當作是主要的原動力，也不是最核心要完成的技術。

(2015.01.14)

後記

這十七回只是個開端，仍保留著每篇文章書寫的時間，因爲既然是談簡史，也就留下自己的時間痕跡。三四年裡，有多少的轉變嗎？如果說有，就如同在前言裡所談到的，診療室裡的實情是更貼近自戀、邊緣、分裂、空洞、抑鬱和憤怒等，所圍事而成的臨床實境。

相對的，精神官能症的症狀，更像是文明的圖像，不再是治療師真正感受的挑戰來源，就算是反對精神分析很徹底的人，也不見得會那麼排斥伊底帕期情結的說法。

反而是伊底帕期情結之前，更原始的人性和心智，佔據著治療師的心情和反應，也更不自覺地，左右著臨

床實作是否能夠走得下去的命運。畢竟，我們是需要從當年朵拉治療到後來拋棄佛洛伊德，而佛洛伊德卻是以談論朵拉的兩個夢，做爲紀念自己失敗的紀念碑。

　　我想要以這些文字寫在他的紀念碑上，只因爲「朵拉」原本就不只是一位歇斯底里症的標準個案而已，而是隱含著當年被佛洛伊德忽略掉的自戀、邊緣、分裂、空洞、抑鬱和憤怒。

(2018.11.15)

是誰的哀愁走在迷霧中
但是迷霧的比喻已經過時了
怎麼辦呢
在心情與心情間
還需要尋找什麼詞語的標本
配著閒來無事的風
就是想說
缺頁的口氣吹走了
誰純情的嘆息

水仙與櫻花

自戀的愛與死

作　　　者 ｜　蔡榮裕
執 行 編 輯 ｜　游雅玲
校　　　稿 ｜　葉翠香

封 面 設 計 ｜　楊啓巽
版 面 設 計 ｜　荷米斯廣告設計有限公司
印　　　刷 ｜　侑旅印刷事業股份有限公司

──────── 精神分析系列 ────────
【在場】精神分析叢書　　　　策劃 ｜　楊明敏
【思想起】潛意識叢書　　　　策劃 ｜　蔡榮裕
【生活】應用精神分析叢書　　策劃 ｜　李俊毅

出　　　版 ｜　Utopie 無境文化事業股份有限公司
地　　　址 ｜　802高雄市苓雅區中正一路120號7樓之1
電　　　話 ｜　07-3987336
E-mail ｜　edition.utopie@gmail.com

初　　　版 ｜　2019年3月
I S B N ｜　978-986-96017-5-7
定　　　價 ｜　400元

國家圖書館出版品預行編目(CIP)資料

水仙與櫻花：自戀的愛與死 / 蔡榮裕作. -- 初版. --
高雄市：無境文化，2019.03 面 ；公分. -- ((思想起)潛意識叢書；7)
ISBN 978-986-96017-5-7 (平裝) 1.精神分析 2.心理治療 3.自戀　175.7　108000536